TABLEAU COMPARATIF
DE
LA VALEUR DU FRANC
ET
DE CELLE DE LA LIVRE TOURNOIS,

Suivi du Tableau comparatif de la valeur de la Livre tournois et de celle du Franc;

Nouvelle édition, revue, corrigée et augmentée de la Concordance des Calendriers grégorien et républicain depuis l'an Ier—1792 jusques et compris l'an XVIII—1810;

PAR F. BROCHAND,

VÉRIFICATEUR AU TRÉSOR PUBLIC;

Ouvrage adopté depuis plusieurs années par le Trésor public et la Banque de France.

PRIX, 1 FRANC 75 CENTIMES.

A PARIS,

Chez l'AUTEUR, rue Helvétius, n°. 20, à son magasin des Lampes éolipyles;

Et chez XHROUET, imprimeur du *Publiciste*, rue des Moineaux, n°. 16.

TABLEAU COMPARATIF

DE

LA VALEUR DU FRANC

ET

DE LA LIVRE TOURNOIS,

PAR F. BROCHAND.

De 1 franc à 40 francs,
et de 1 liv. 3 den. à 40 liv. 10 sous.

fr.	*liv.*	*s.*	*d.*	*fr.*	*liv.*	*s.*	*d.*
1....	1.	"	3.	21....	21.	5.	3.
2....	2.	"	6.	22....	22.	5.	6.
3....	3.	"	9.	23....	23.	5.	9.
4....	4.	1.	"	24....	24.	6.	"
5....	5.	1.	3.	25....	25.	6.	3.
6....	6.	1.	6.	26....	26.	6.	6.
7....	7.	1.	9.	27....	27.	6.	9.
8....	8.	2.	"	28....	28.	7.	"
9....	9.	2.	3.	29....	29.	7.	3.
10....	10.	2.	6.	30....	30.	7.	6.
11....	11.	2.	9.	31....	31.	7.	9.
12....	12.	3.	"	32....	32.	8.	"
13....	13.	3.	3.	33....	33.	8.	3.
14....	14.	3.	6.	34....	34.	8.	6.
15....	15.	3.	9.	35....	35.	8.	9.
16....	16.	4.	"	36....	36.	9.	"
17....	17.	4.	3.	37....	37.	9.	3.
18....	18.	4.	6.	38....	38.	9.	6.
19....	19.	4.	9.	39....	39.	9.	9.
20....	20.	5.	"	40....	40.	10.	"

De 40 francs à 115 francs,
et de 40 liv. 10 sous à 116 liv. 8 sous 9 den.

fr.	*liv.*	*s.*	*d.*	*fr.*	*liv.*	*s.*	*d.*
40....	40.	10.	"	78...	78.	19.	6.
41....	41.	10.	3.	79...	79.	19.	9.
42....	42.	10.	6.	80...	81.	"	"
43....	43.	10.	9.	81...	82.	"	3.
44....	44.	11.	"	82...	83.	"	6.
45....	45.	11.	3.	83...	84.	"	9.
46....	46.	11.	6.	84...	85.	1.	"
47....	47.	11.	9.	85...	86.	1.	3.
48....	48.	12.	"	86...	87.	1.	6.
49....	49.	12.	3.	87...	88.	1.	9.
50....	50.	12.	6.	88...	89.	2.	"
51....	51.	12.	9.	89...	90.	2.	3.
52....	52.	13.	"	90...	91.	2.	6.
53....	53.	13.	3.	91...	92.	2.	9.
54....	54.	13.	6.	92...	93.	3.	"
55....	55.	13.	9.	93...	94.	3.	3.
56....	56.	14.	"	94...	95.	3.	6.
57....	57.	14.	3.	95...	96.	3.	9.
58....	58.	14.	6.	96...	97.	4.	"
59....	59.	14.	9.	97...	98.	4.	3.
60....	60.	15.	"	98...	99.	4.	6.
61....	61.	15.	3.	99...	100.	4.	9.
62....	62.	15.	6.	100...	101.	5.	"
63....	63.	15.	9.	101...	102.	5.	3.
64....	64.	16.	"	102...	103.	5.	6.
65....	65.	16.	3.	103...	104.	5.	9.
66....	66.	16.	6.	104...	105.	6.	"
67....	67.	16.	9.	105...	106.	6.	3.
68....	68.	17.	"	106...	107.	6.	6.
69....	69.	17.	3.	107...	108.	6.	9.
70....	70.	17.	6.	108...	109.	7.	"
71....	71.	17.	9.	109...	110.	7.	3.
72....	72.	18.	"	110...	111.	7.	6.
73....	73.	18.	3.	111...	112.	7.	9.
74....	74.	18.	6.	112...	113.	8.	"
75....	75.	18.	9.	113...	114.	8.	3.
76....	76.	19.	"	114...	115.	8.	6.
77....	77.	19.	3.	115...	116.	8.	9.

De 116 francs à 191 francs,
et de 117 liv. 9 sous à 193 liv. 7 sous 9 den.

fr.	*liv.*	*s.*	*d.*	*fr.*	*liv.*	*s.*	*d.*
116...	117.	9.	"	154...	155.	18.	6.
117...	118.	9.	3.	155...	156.	18.	9.
118...	119.	9.	6.	156...	157.	19.	"
119...	120.	9.	9.	157...	158.	19.	3.
120...	121.	10.	"	158...	159.	19.	6.
121...	122.	10.	3.	159...	160.	19.	9.
122...	123.	10.	6.	160...	162.	"	"
123...	124.	10.	9.	161...	163.	"	3.
124...	125.	11.	"	162...	164.	"	6.
125...	126.	11.	3.	163...	165.	"	9.
126...	127.	11.	6.	164...	166.	1.	"
127...	128.	11.	9.	165...	167.	1.	3.
128...	129.	12.	"	166...	168.	1.	6.
129...	130.	12.	3.	167...	169.	1.	9.
130...	131.	12.	6.	168...	170.	2.	"
131...	132.	12.	9.	169...	171.	2.	3.
132...	133.	13.	"	170...	172.	2.	6.
133...	134.	13.	3.	171...	173.	2.	9.
134...	135.	13.	6.	172...	174.	3.	"
135...	136.	13.	9.	173...	175.	3.	3.
136...	137.	14.	"	174...	176.	3.	6.
137...	138.	14.	3.	175...	177.	3.	9.
138...	139.	14.	6.	176...	178.	4.	"
139...	140.	14.	9.	177...	179.	4.	3.
140...	141.	15.	"	178...	180.	4.	6.
141...	142.	15.	3.	179...	181.	4.	9.
142...	143.	15.	6.	180...	182.	5.	"
143...	144.	15.	9.	181...	183.	5.	3.
144...	145.	16.	"	182...	184.	5.	6.
145...	146.	16.	3.	183...	185.	5.	9.
146...	147.	16.	6.	184...	186.	6.	"
147...	148.	16.	9.	185...	187.	6.	3.
148...	149.	17.	"	186...	188.	6.	6.
149...	150.	17.	3.	187...	189.	6.	9.
150...	151.	17.	6.	188...	190.	7.	"
151...	152.	17.	9.	189...	191.	7.	3.
152...	153.	18.	"	190...	192.	7.	6.
153...	154.	18.	3.	191...	193.	7.	9.

De 192 francs à 267 francs,
et de 194 liv. 8 sous à 270 liv. 6 sous 9 den.

fr.	*liv.*	*s.*	*d.*	*fr.*	*liv.*	*s.*	*d.*
192...	194.	8.	″	230...	232.	17.	6.
193...	195.	8.	3.	231...	233.	17.	9.
194...	196.	8.	6.	232...	234.	18.	″
195...	197.	8.	9.	233...	235.	18.	3.
196...	198.	9.	″	234...	236.	18.	6.
197...	199.	9.	3.	235...	237.	18.	9.
198...	200.	9.	6.	236...	238.	19.	″
199...	201.	9.	9.	237...	239.	19.	3.
200...	202.	10.	″	238...	240.	19.	6.
201...	203.	10.	3.	239...	241.	19.	9.
202...	204.	10.	6.	240...	243.	″	″
203...	205.	10.	9.	241...	244.	″	3.
204...	206.	11.	″	242...	245.	″	6.
205...	207.	11.	3.	243...	246.	″	9.
206...	208.	11.	6.	244...	247.	1.	″
207...	209.	11.	9.	245...	248.	1.	3.
208...	210.	12.	″	246...	249.	1.	6.
209...	211.	12.	3.	247...	250.	1.	9.
210...	212.	12.	6.	248...	251.	2.	″
211...	213.	12.	9.	249...	252.	2.	3.
212...	214.	13.	″	250...	253.	2.	6.
213...	215.	13.	3.	251...	254.	2.	9.
214...	216.	13.	6.	252...	255.	3.	″
215...	217.	13.	9.	253...	256.	3.	3.
216...	218.	14.	″	254...	257.	3.	6.
217...	219.	14.	3.	255...	258.	3.	9.
218...	220.	14.	6.	256...	259.	4.	″
219...	221.	14.	9.	257...	260.	4.	3.
220...	222.	15.	″	258...	261.	4.	6.
221...	223.	15.	3.	259...	262.	4.	9.
222...	224.	15.	6.	260...	263.	5.	″
223...	225.	15.	9.	261...	264.	5.	3.
224...	226.	16.	″	262...	265.	5.	6.
225...	227.	16.	3.	263...	266.	5.	9.
226...	228.	16.	6.	264...	267.	6.	″
227...	229.	16.	9.	265...	268.	6.	3.
228...	230.	17.	″	266...	269.	6.	6.
229...	231.	17.	3.	267...	270.	6.	9.

De 268 francs à 343 francs,
et de 271 liv. 7 sous à 347 liv. 5 sous 9 den.

fr.	*liv.*	*s.*	*d.*	*fr.*	*liv.*	*s.*	*d.*
268...	271.	7.	"	306...	309.	16.	6.
269...	272.	7.	3.	307...	310.	16.	9.
270...	273.	7.	6.	308...	311.	17.	"
271...	274.	7.	9.	309...	312.	17.	3.
272...	275.	8.	"	310...	313.	17.	6.
273...	276.	8.	3.	311...	314.	17.	9.
274...	277.	8.	6.	312...	315.	18.	"
275...	278.	8.	9.	313...	316.	18.	3.
276...	279.	9.	"	314...	317.	18.	6.
277...	280.	9.	3.	315...	318.	18.	9.
278...	281.	9.	6.	316...	319.	19.	"
279...	282.	9.	9.	317...	320.	19.	3.
280...	283.	10.	"	318...	321.	19.	6.
281...	284.	10.	3.	319...	322.	19.	9.
282...	285.	10.	6.	320...	324.	"	"
283...	286.	10.	9.	321...	325.	"	3.
284...	287.	11.	"	322...	326.	"	6.
285...	288.	11.	3.	323...	327.	"	9.
286...	289.	11.	6.	324...	328.	1.	"
287...	290.	11.	9.	325...	329.	1.	3.
288...	291.	12.	"	326...	330.	1.	6.
289...	292.	12.	3.	327...	331.	1.	9.
290...	293.	12.	6.	328...	332.	2.	"
291...	294.	12.	9.	329...	333.	2.	3.
292...	295.	13.	"	330...	334.	2.	6.
293...	296.	13.	3.	331...	335.	2.	9.
294...	297.	13.	6.	332...	336.	3.	"
295...	298.	13.	9.	333...	337.	3.	3.
296...	299.	14.	"	334...	338.	3.	6.
297...	300.	14.	3.	335...	339.	3.	9.
298...	301.	14.	6.	336...	340.	4.	"
299...	302.	14.	9.	337...	341.	4.	3.
300...	303.	15.	"	338...	342.	4.	6.
301...	304.	15.	3.	339...	343.	4.	9.
302...	305.	15.	6.	340...	344.	5.	"
303...	306.	15.	9.	341...	345.	5.	3.
304...	307.	16.	"	342...	346.	5.	6.
305...	308.	16.	3.	343...	347.	5.	9.

De 344 francs à 419 francs,
et de 348 liv. 6 sous à 424 liv. 4 sous 9 den.

fr.	liv.	s.	d.	fr.	liv.	s.	d.
344...	348.	6.	"	382...	386.	15.	6.
345...	349.	6.	3.	383...	387.	15.	9.
346...	350.	6.	6.	384...	388.	16.	"
347...	351.	6.	9.	385...	389.	16.	3.
348...	352.	7.	"	386...	390.	16.	6.
349...	353.	7.	3.	387...	391.	16.	9.
350...	354.	7.	6.	388...	392.	17.	"
351...	355.	7.	9.	389...	393.	17.	3.
352...	356.	8.	"	390...	394.	17.	6.
353...	357.	8.	3.	391...	395.	17.	9.
354...	358.	8.	6.	392...	396.	18.	"
355...	359.	8.	9.	393...	397.	18.	3.
356...	360.	9.	"	394...	398.	18.	6.
357...	361.	9.	3.	395...	399.	18.	9.
358...	362.	9.	6.	396...	400.	19.	"
359...	363.	9.	9.	397...	401.	19.	3.
360...	364.	10.	"	398...	402.	19.	6.
361...	365.	10.	3.	399...	403.	19.	9.
362...	366.	10.	6.	400...	405.	"	"
363...	367.	10.	9.	401...	406.	"	3.
364...	368.	11.	"	402...	407.	"	6.
365...	369.	11.	3.	403...	408.	"	9.
366...	370.	11.	6.	404...	409.	1.	"
367...	371.	11.	9.	405...	410.	1.	3.
368...	372.	12.	"	406...	411.	1.	6.
369...	373.	12.	3.	407...	412.	1.	9.
370...	374.	12.	6.	408...	413.	2.	"
371...	375.	12.	9.	409...	414.	2.	3.
372...	376.	13.	"	410...	415.	2.	6.
373...	377.	13.	3.	411...	416.	2.	9.
374...	378.	13.	6.	412...	417.	3.	"
375...	379.	13.	9.	413...	418.	3.	3.
376...	380.	14.	"	414...	419.	3.	6.
377...	381.	14.	3.	415...	420.	3.	9.
378...	382.	14.	6.	416...	421.	4.	"
379...	383.	14.	9.	417...	422.	4.	3.
380...	384.	15.	"	418...	423.	4.	6.
381...	385.	15.	3.	419...	424.	4.	9.

De 420 francs à 495 francs,
et de 425 liv. 5 sous à 501 liv. 3 sous 9 den.

fr.	*liv.*	*s.*	*d.*	*fr.*	*liv.*	*s.*	*d.*
420...	425.	5.	″	458...	463.	14.	6.
421...	426.	5.	3.	459...	464.	14.	9.
422...	427.	5.	6.	460...	465.	15.	[illegible]
423...	428.	5.	9.	461...	466.	15.	3.
424...	429.	6.	″	462...	467.	15.	6.
425...	430.	6.	3.	463...	468.	15.	9.
426...	431.	6.	6.	464...	469.	16.	″
427...	432.	6.	9.	465...	470.	16.	3.
428...	433.	7.	″	466...	471.	16.	6.
429...	434.	7.	3.	467...	472.	16.	9.
430...	435.	7.	6.	468...	473.	17.	″
431...	436.	7.	9.	469...	474.	17.	3.
432...	437.	8.	″	470...	475.	17.	6.
433...	438.	8.	3.	471...	476.	17.	9.
434...	439.	8.	6.	472...	477.	18.	″
435...	440.	8.	9.	473...	478.	18.	3.
436...	441.	9.	″	474...	479.	18.	6.
437...	442.	9.	3.	475...	480.	18.	9.
438...	443.	9.	6.	476...	481.	19.	″
439...	444.	9.	9.	477...	482.	19.	3.
440...	445.	10.	″	478...	483.	19.	6.
441...	446.	10.	3.	479...	484.	19.	9.
442...	447.	10.	6.	480...	486.	″	″
443...	448.	10.	9.	481...	487.	″	3.
444...	449.	11.	″	482...	488.	″	6.
445...	450.	11.	3.	483...	489.	″	9.
446...	451.	11.	6.	484...	490.	1.	″
447...	452.	11.	9.	485...	491.	1.	3.
448...	453.	12.	″	486...	492.	1.	6.
449...	454.	12.	3.	487...	493.	1.	9.
450...	455.	12.	6.	488...	494.	2.	″
451...	456.	12.	9.	489...	495.	2.	3.
452...	457.	13.	″	490...	496.	2.	6.
453...	458.	13.	3.	491...	497.	2.	9.
454...	459.	13.	6.	492...	498.	3.	″
455...	460.	13.	9.	493...	499.	3.	3.
456...	461.	14.	″	494...	500.	3.	6.
457...	462.	14.	3.	495...	501.	3.	9.

De 496 francs à 571 francs, et de 502 liv. 4 sous à 578 liv. 2 sous 9 den.

fr.	liv.	s.	d.	fr.	liv.	s.	d.
496..	502.	4.	"	534..	540.	13.	6.
497..	503.	4.	3.	535..	541.	13.	9.
498..	504.	4.	6.	536..	542.	14.	"
499..	505.	4.	9.	537..	543.	14.	3.
500..	506.	5.	"	538..	544.	14.	6.
501..	507.	5.	3.	539..	545.	14.	9.
502..	508.	5.	6.	540..	546.	15.	"
503..	509.	5.	9.	541..	547.	15.	3.
504..	510.	6.	"	542..	548.	15.	6.
505..	511.	6.	3.	543..	549.	15.	9.
506..	512.	6.	6.	544..	550.	16.	"
507..	513.	6.	9.	545..	551.	16.	3.
508..	514.	7.	"	546..	552.	16.	6.
509..	515.	7.	3.	547..	553.	16.	9.
510..	516.	7.	6.	548..	554.	17.	"
511..	517.	7.	9.	549..	555.	17.	3.
512..	518.	8.	"	550..	556.	17.	6.
513..	519.	8.	3.	551..	557.	17.	9.
514..	520.	8.	6.	552..	558.	18.	"
515..	521.	8.	9.	553..	559.	18.	3.
516..	522.	9.	"	554..	560.	18.	6.
517..	523.	9.	3.	555..	561.	18.	9.
518..	524.	9.	6.	556..	562.	19.	"
519..	525.	9.	9.	557..	563.	19.	3.
520..	526.	10.	"	558..	564.	19.	6.
521..	527.	10.	3.	559..	565.	19.	9.
522..	528.	10.	6.	560..	567.	"	"
523..	529.	10.	9.	561..	568.	"	3.
524..	530.	11.	"	562..	569.	"	6.
525..	531.	11.	3.	563..	570.	"	9.
526..	532.	11.	6.	564..	571.	1.	"
527..	533.	11.	9.	565..	572.	1.	3.
528..	534.	12.	"	566..	573.	1.	6.
529..	535.	12.	3.	567..	574.	1.	9.
530..	536.	12.	6.	568..	575.	2.	"
531..	537.	12.	9.	569..	576.	2.	3.
532..	538.	13.	"	570..	577.	2.	6.
533..	539.	13.	3.	571..	578.	2.	9.

De 572 francs à 647 francs,
et de 579 liv. 3 sous à 655 liv. 1 sous 9 den.

fr.	*liv.*	*s.*	*d.*	*fr.*	*liv.*	*s.*	*d.*
572..	579.	3.	″	610..	617.	12.	6.
573..	580.	3.	3.	611..	618.	12.	9.
574..	581.	3.	6.	612..	619.	13.	″
575..	582.	3.	9.	613..	620.	13.	3.
576..	583.	4.	″	614..	621.	13.	6.
577..	584.	4.	3.	615..	622.	13.	9.
578..	585.	4.	6.	616..	623.	14.	″
579..	586.	4.	9.	617..	624.	14.	3.
580..	587.	5.	″	618..	625.	14.	6.
581..	588.	5.	3.	619..	626.	14.	9.
582..	589.	5.	6.	620..	627.	15.	″
583..	590.	5.	9.	621..	628.	15.	3.
584..	591.	6.	″	622..	629.	15.	6.
585..	592.	6.	3.	623..	630.	15.	9.
586..	593.	6.	6.	624..	631.	16.	″
587..	594.	6.	9.	625..	632.	16.	3.
588..	595.	7.	″	626..	633.	16.	6.
589..	596.	7.	3.	627..	634.	16.	9.
590..	597.	7.	6.	628..	635.	17.	″
591..	598.	7.	9.	629..	636.	17.	3.
592..	599.	8.	″	630..	637.	17.	6.
593..	600.	8.	3.	631..	638.	17.	9.
594..	601.	8.	6.	632..	639.	18.	″
595..	602.	8.	9.	633..	640.	18.	3.
596..	603.	9.	″	634..	641.	18.	6.
597..	604.	9.	3.	635..	642.	18.	9.
598..	605	9.	6.	636..	643.	19.	″
599..	606.	9.	9.	637..	644.	19.	3.
600..	607.	10.	″	638..	645.	19.	6.
601..	608.	10.	3.	639..	646.	19.	9.
602..	609.	10.	6.	640..	648.	″	″
603..	610.	10.	9.	641..	649.	″	3.
604..	611.	11.	″	642..	650.	″	6.
605..	612.	11.	3.	643..	651.	″	9.
606..	613.	11.	6.	644..	652.	1.	″
607..	614.	11.	9.	645..	653.	1.	3.
608..	615.	12.	″	646..	654.	1.	6.
609..	616.	12.	3.	647..	655.	1.	9.

B

De 648 francs à 723 francs,
et de 656 liv. 2 sous à 732 liv. 9 den.

fr.	liv.	s.	d.	fr.	liv.	s.	d.
648..	656.	2.	"	686..	694.	11.	6.
649..	657.	2.	3.	687..	695.	11.	9.
650..	658.	2.	6.	688..	696.	12.	"
651..	659.	2.	9.	689..	697.	12.	3.
652..	660.	3.	"	690..	698.	12.	6.
653..	661.	3.	3.	691..	699.	12.	9.
654..	662.	3.	6.	692..	700.	13.	"
655..	663.	3.	9.	693..	701.	13.	3.
656..	664.	4.	"	694..	702.	13.	6.
657..	665.	4.	3.	695..	703.	13.	9.
658..	666.	4.	6.	696..	704.	14.	"
659..	667.	4.	9.	697..	705.	14.	3.
660..	668.	5.	"	698..	706.	14.	6.
661..	669.	5.	3.	699..	707.	14.	9.
662..	670.	5.	6.	700..	708.	15.	"
663..	671.	5.	9.	701..	709.	15.	3.
664..	672.	6.	"	702..	710.	15.	6.
665..	673.	6.	3.	703..	711.	15.	9.
666..	674.	6.	6.	704..	712.	16.	"
667..	675.	6.	9.	705..	713.	16.	3.
668..	676.	7.	"	706..	714.	16.	6.
669..	677.	7.	3.	707..	715.	16.	9.
670..	678.	7.	6.	708..	716.	17.	"
671..	679.	7.	9.	709..	717.	17.	3.
672..	680.	8.	"	710..	718.	17.	6.
673..	681.	8.	3.	711..	719.	17.	9.
674..	682.	8.	6.	712..	720.	18.	"
675..	683.	8.	9.	713..	721.	18.	3.
676..	684.	9.	"	714..	722.	18.	6.
677..	685.	9.	3.	715..	723.	18.	9.
678..	686.	9.	6.	716..	724.	19.	"
679..	687.	9.	9.	717..	725.	19.	3.
680..	688.	10.	"	718..	726.	19.	6.
681..	689.	10.	3.	719..	727.	19.	9.
682..	690.	10.	6.	720..	729.	"	"
683..	691.	10.	9.	721..	730.	"	3.
684..	692.	11.	"	722..	731.	"	6.
685..	693.	11.	3.	723..	732.	"	9.

De 724 francs à 799 francs,
et de 733 liv. 1 sous à 808 liv. 19 sous 9 den.

fr.	liv.	s.	d.	fr.	liv.	s.	d.
724..	733.	1.	"	762..	771.	10.	6.
725..	734.	1.	3.	763..	772.	10.	9.
726..	735.	1.	6.	764..	773.	11.	"
727..	736.	1.	9.	765..	774.	11.	3.
728..	737.	2.	"	766..	775.	11.	6.
729..	738.	2.	3.	767..	776.	11.	9.
730..	739.	2.	6.	768..	777.	12.	"
731..	740.	2.	9.	769..	778.	12.	3.
732..	741.	3.	"	770..	779.	12.	6.
733..	742.	3.	3.	771..	780.	12.	9.
734..	743.	3.	6.	772..	781.	13.	"
735..	744.	3.	9.	773..	782.	13.	3.
736..	745.	4.	"	774..	783.	13.	6.
737..	746.	4.	3.	775..	784.	13.	9.
738..	747.	4.	6.	776..	785.	14.	"
739..	748.	4.	9.	777..	786.	14.	3.
740..	749.	5.	"	778..	787.	14.	6.
741..	750.	5.	3.	779..	788.	14.	9.
742..	751.	5.	6.	780..	789.	15.	"
743..	752.	5.	9.	781..	790.	15.	3.
744..	753.	6.	"	782..	791.	15.	6.
745..	754.	6.	3.	783..	792.	15.	9.
746..	755.	6.	6.	784..	793.	16.	"
747..	756.	6.	9.	785..	794.	16.	3.
748..	757.	7.	"	786..	795.	16.	6.
749..	758.	7.	3.	787..	796.	16.	9.
750..	759.	7.	6.	788..	797.	17.	"
751..	760.	7.	9.	789..	798.	17.	3.
752..	761.	8.	"	790..	799.	17.	6.
753..	762.	8.	3.	791..	800.	17.	9.
754..	763.	8.	6.	792..	801.	18.	"
755..	764.	8.	9.	793..	802.	18.	3.
756..	765.	9.	"	794..	803.	18.	6.
757..	766.	9.	3.	795..	804.	18.	9.
758..	767.	9.	6.	796..	805.	19.	"
759..	768.	9.	9.	797..	806.	19.	3.
760..	769.	10.	"	798..	807.	19.	6.
761..	770.	10.	3.	799..	808.	19.	9.

De 800 francs à 875 francs,
et de 810 liv. à 885 liv. 18 sous 9 den.

fr.	liv.	s.	d.	fr.	liv.	s.	d.
800..	810.	"	"	838..	848.	9.	6.
801..	811.	"	3.	839..	849.	9.	9.
802..	812.	"	6.	840..	850.	10.	"
803..	813.	"	9.	841..	851.	10.	3.
804..	814.	1.	"	842..	852.	10.	6.
805..	815.	1.	3.	843..	853.	10.	9.
806..	816.	1.	6.	844..	854.	11.	"
807..	817.	1.	9.	845..	855.	11.	3.
808..	818.	2.	"	846..	856.	11.	6.
809..	819.	2.	3.	847..	857.	11.	9.
810..	820.	2.	6.	848..	858.	12.	"
811..	821.	2.	9.	849..	859.	12.	3.
812..	822.	3.	"	850..	860.	12.	6.
813..	823.	3.	3.	851..	861.	12.	9.
814..	824.	3.	6.	852..	862.	13.	"
815..	825.	3.	9.	853..	863.	13.	3.
816..	826.	4.	"	854..	864.	13.	6.
817..	827.	4.	3.	855..	865.	13.	9.
818..	828.	4.	6.	856..	866.	14.	"
819..	829.	4.	9.	857..	867.	14.	3.
820..	830.	5.	"	858..	868.	14.	6.
821..	831.	5.	3.	859..	869.	14.	9.
822..	832.	5.	6.	860..	870.	15.	"
823..	833.	5.	9.	861..	871.	15.	3.
824..	834.	6.	"	862..	872.	15.	6.
825..	835.	6.	3.	863..	873.	15.	9.
826..	836.	6.	6.	864..	874.	16.	"
827..	837.	6.	9.	865..	875.	16.	3.
828..	838.	7.	"	866..	876.	16.	6.
829..	839.	7.	3.	867..	877.	16.	9.
830..	840.	7.	6.	868..	878.	17.	"
831..	841.	7.	9.	869..	879.	17.	3.
832..	842.	8.	"	870..	880.	17.	6.
833..	843.	8.	3.	871..	881.	17.	9.
834..	844.	8.	6.	872..	882.	18.	"
835..	845.	8.	9.	873..	883.	18.	3.
836..	846.	9.	"	874..	884.	18.	6.
837..	847.	9.	3.	875..	885.	18.	9.

De 876 francs à 951 francs,
et de 886 liv. 19 sous à 962 liv. 17 sous 9 den.

fr.	*liv.*	*s.*	*d.*	*fr.*	*liv.*	*s.*	*d.*
876..	886.	19.	〃	914..	925.	8.	6.
877..	887.	19.	3.	915..	926.	8.	9.
878..	888.	19.	6.	916..	927.	9.	〃
879..	889.	19.	9.	917..	928.	9.	3.
880..	891.	〃	〃	918..	929.	9.	6.
881..	892.	〃	3.	919..	930.	9.	9.
882..	893.	〃	6.	920..	931.	10.	〃
883..	894.	〃	9.	921..	932.	10.	3.
884..	895.	1.	〃	922..	933.	10.	6.
885..	896.	1.	3.	923..	934.	10.	9.
886..	897.	1.	6.	924..	935.	11.	〃
887..	898.	1.	9.	925..	936.	11.	3.
888..	899.	2.	〃	926..	937.	11.	6.
889..	900.	2.	3.	927..	938.	11.	9.
890..	901.	2.	6.	928..	939.	12.	〃
891..	902.	2.	9.	929..	940.	12.	3.
892..	903.	3.	〃	930..	941.	12.	6.
893..	904.	3.	3.	931..	942.	12.	9.
894..	905.	3.	6.	932..	943.	13.	〃
895..	906.	3.	9.	933..	944.	13.	3.
896..	907.	4.	〃	934..	945.	13.	6.
897..	908.	4.	3.	935..	946.	13.	9.
898..	909.	4.	6.	936..	947.	14.	〃
899..	910.	4.	9.	937..	948.	14.	3.
900..	911.	5.	〃	938..	949.	14.	6.
901..	912.	5.	3.	939..	950.	14.	9.
902..	913.	5.	6.	940..	951.	15.	〃
903..	914.	5.	9.	941..	952.	15.	3.
904..	915.	6.	〃	942..	953.	15.	6.
905..	916.	6.	3.	943..	954.	15.	9.
906..	917.	6.	6.	944..	955.	16.	〃
907..	918.	6.	9.	945..	956.	16.	3.
908..	919.	7.	〃	946..	957.	16.	6.
909..	920.	7.	3.	947..	958.	16.	9.
910..	921.	7.	6.	948..	959.	17.	〃
911..	922.	7.	9.	949..	960.	17.	3.
912..	923.	8.	〃	950..	961.	17.	6.
913..	924.	8.	3.	951..	962.	17.	9.

De 952 francs à 1027 francs, et de 963 liv. 18 sous à 1039 liv. 16 sous 9 den.

fr.	liv.	s.	d.	fr.	liv.	s.	d.
952..	963.	18.	"	990.	1002.	7.	6.
953..	964.	18.	3.	991.	1003.	7.	9.
954..	965.	18.	6.	992.	1004.	8.	"
955..	966.	18.	9.	993.	1005.	8.	3.
956..	967.	19.	"	994.	1006.	8.	6.
957..	968.	19.	3.	995.	1007.	8.	9.
958..	969.	19.	6.	996.	1008.	9.	"
959..	970.	19.	9.	997.	1009	9.	3.
960..	972.	"	"	998.	1010.	9.	6.
961..	973.	"	3.	999.	1011.	9.	9.
962..	974.	"	6.	1000.	1012.	10.	"
963..	975.	"	9.	1001.	1013.	10.	3.
964..	976.	1.	"	1002.	1014.	10.	6.
965..	977.	1.	3.	1003.	1015.	10.	9.
966..	978.	1.	6.	1004.	1016.	11.	"
967..	979.	1.	9.	1005.	1017.	11.	3.
968..	980.	2.	"	1006.	1018.	11.	6.
969..	981.	2.	3.	1007.	1019.	11.	9.
970..	982.	2.	6.	1008.	1020.	12.	"
971..	983.	2.	9.	1009.	1021.	12.	3.
972..	984.	3.	"	1010.	1022.	12.	6.
973..	985.	3.	3.	1011.	1023.	12.	9.
974..	986.	3.	6.	1012.	1024.	13.	"
975..	987.	3.	9.	1013.	1025.	13.	3.
976..	988.	4.	"	1014.	1026.	13.	6.
977..	989.	4.	3.	1015.	1027.	13.	9.
978..	990.	4.	6.	1016.	1028.	14.	"
979..	991.	4.	9.	1017.	1029.	14.	3.
980..	992.	5.	"	1018.	1030.	14.	6.
981..	993.	5.	3.	1019.	1031.	14.	9.
982..	994.	5.	6.	1020.	1032.	15.	"
983..	995.	5.	9.	1021.	1033.	15.	3.
984..	996.	6.	"	1022.	1034.	15.	6.
985..	997.	6.	3.	1023.	1035.	15.	9.
986..	998.	6.	6.	1024.	1036.	16.	"
987..	999.	6.	9.	1025.	1037.	16.	3.
988..	1000.	7.	"	1026.	1038.	16.	6.
989..	1001.	7.	3.	1027.	1039.	16.	9.

fr.	liv.	s.	d.	fr.	liv.	s.	d.
1028.	1040.	17.	"	1066.	1079.	6.	6.
1029.	1041.	17.	3.	1067.	1080.	6.	9.
1030.	1042.	17.	6.	1068.	1081.	7.	"
1031.	1043.	17.	9.	1069.	1082.	7.	3.
1032.	1044.	18.	"	1070.	1083.	7.	6.
1033.	1045.	18.	3.	1071.	1084.	7.	9.
1034.	1046.	18.	6.	1072.	1085.	8.	"
1035.	1047.	18.	9.	1073.	1086.	8.	3.
1036.	1048.	19.	"	1074.	1087.	8.	6.
1037.	1049.	19.	3.	1075.	1088.	8.	9.
1038.	1050.	19.	6.	1076.	1089.	9.	"
1039.	1051.	19.	9.	1077.	1090.	9.	3.
1040.	1053.	"	"	1078.	1091.	9.	6.
1041.	1054.	"	3.	1079.	1092.	9.	9.
1042.	1055.	"	6.	1080.	1093.	10.	"
1043.	1056.	"	9.	1081.	1094.	10.	3.
1044.	1057.	1.	"	1082.	1095.	10.	6.
1045.	1058.	1.	3.	1083.	1096.	10.	9.
1046.	1059.	1.	6.	1084.	1097.	11.	"
1047.	1060.	1.	9.	1085.	1098.	11.	3.
1048.	1061.	2.	"	1086.	1099.	11.	6.
1049.	1062.	2.	3.	1087.	1100.	11.	9.
1050.	1063.	2.	6.	1088.	1101.	12.	"
1051.	1064.	2.	9.	1089.	1102.	12.	3.
1052.	1065.	3.	"	1090.	1103.	12.	6.
1053.	1066.	3.	3.	1091.	1104.	12.	9.
1054.	1067.	3.	6.	1092.	1105.	13.	"
1055.	1068.	3.	9.	1093.	1106.	13.	3.
1056.	1069.	4.	"	1094.	1107.	13.	6.
1057.	1070.	4.	3.	1095.	1108.	13.	9.
1058.	1071.	4.	6.	1096.	1109.	14.	"
1059.	1072.	4.	9.	1097.	1110.	14.	3.
1060.	1073.	5.	"	1098.	1111.	14.	6.
1061.	1074.	5.	3.	1099.	1112.	14.	9.
1062.	1075.	5.	6.	1100.	1113.	15.	"
1063.	1076.	5.	9.	1101.	1114.	15.	3.
1064.	1077.	6.	"	1102.	1115.	15.	6.
1065.	1078.	6.	3.	1103.	1116.	15.	9.

 De 1104 francs à 1179 francs, et de 1117 liv. 16 sous à 1193 liv. 14 sous 9 den.

fr.	*liv.*	*s.*	*d.*	*fr.*	*liv.*	*s.*	*d.*
1104.	1117.	16.	"	1142.	1156.	5.	6.
1105.	1118.	16.	3.	1143.	1157.	5.	9.
1106.	1119.	16.	6.	1144.	1158.	6.	"
1107.	1120.	16.	9.	1145.	1159.	6.	3.
1108.	1121.	17.	"	1146.	1160.	6.	6.
1109.	1122.	17.	3.	1147.	1161.	6.	9.
1110.	1123.	17.	6.	1148.	1162.	7.	"
1111.	1124.	17.	9.	1149.	1163.	7.	3.
1112.	1125.	18.	"	1150.	1164.	7.	6.
1113.	1126.	18.	3.	1151.	1165.	7.	9.
1114.	1127.	18.	6.	1152.	1166.	8.	"
1115.	1128.	18.	9.	1153.	1167.	8.	3.
1116.	1129.	19.	"	1154.	1168.	8.	6.
1117.	1130.	19.	3.	1155.	1169.	8.	9.
1118.	1131.	19.	6.	1156.	1170.	9.	"
1119.	1132.	19.	9.	1157.	1171.	9.	3.
1120.	1134.	"	"	1158.	1172.	9.	6.
1121.	1135.	"	3.	1159.	1173.	9.	9.
1122.	1136.	"	6.	1160.	1174.	10.	"
1123.	1137.	"	9.	1161.	1175.	10.	3.
1124.	1138.	1.	"	1162.	1176.	10.	6.
1125.	1139.	1.	3.	1163.	1177.	10.	9.
1126.	1140.	1.	6.	1164.	1178.	11.	"
1127.	1141.	1.	9.	1165.	1179.	11.	3.
1128.	1142.	2.	"	1166.	1180.	11.	6.
1129.	1143.	2.	3.	1167.	1181.	11.	9.
1130.	1144.	2.	6.	1168.	1182.	12.	"
1131.	1145.	2.	9.	1169.	1183.	12.	3.
1132.	1146.	3.	"	1170.	1184.	12.	6.
1133.	1147.	3.	3.	1171.	1185.	12.	9.
1134.	1148.	3.	6.	1172.	1186.	13.	"
1135.	1149.	3.	9.	1173.	1187.	13.	3.
1136.	1150.	4.	"	1174.	1188.	13.	6.
1137.	1151.	4.	3.	1175.	1189.	13.	9.
1138.	1152.	4.	6.	1176.	1190.	14.	"
1139.	1153.	4.	9.	1177.	1191.	14.	3.
1140.	1154.	5.	"	1178.	1192.	14.	6.
1141.	1155.	5.	3.	1179.	1193.	14.	9.

De 1180 francs à 9500 francs,
et de 1194 liv. 15 sous à 9618 liv. 15 sous.

fr.	*liv.*	*s.*	*d.*	*fr.*	*liv.*	*s.*
1180.	1194.	15.	″	3000...	3037.	10.
1181.	1195.	15.	3.	3100...	3138.	15.
1182.	1196.	15.	6.	3200...	3240.	″
1183.	1197.	15.	9.	3300...	3341.	5
1184.	1198.	16.	″	3400...	3442.	10.
1185.	1199.	16.	3.	3500...	3543.	15.
1186.	1200.	16.	6.	3600...	3645.	″
1187.	1201.	16	9.	3700...	3746.	5
1188.	1202.	17.	″	3800...	3847.	10.
1189.	1203.	17.	3.	3900...	3948.	15.
1190.	1204.	17.	6.	4000...	4050.	″
1191.	1205.	17.	9.	4100...	4151.	5.
1192.	1206.	18.	″	4200...	4252.	10.
1193.	1207.	18.	3.	4300...	4353.	15.
1194.	1208.	18.	6.	4400...	4455.	″
1195.	1209.	18.	9.	4500...	4556.	5.
1196.	1210.	19.	″	4600...	4657.	10.
1197.	1211.	19.	3.	4700...	4758.	15.
1198.	1212.	19.	6.	4800...	4860.	″
1199.	1213.	19.	9.	4900...	4961.	5.
1200.	1215.	″		5000...	5062.	10.
1300.	1316.	5.		5100...	5163.	15.
1400.	1417.	10.		5200...	5265.	″
1500.	1518.	15.		5300...	5366.	5.
1600.	1620.	″		5400...	5467.	10.
1700.	1721.	5.		5500...	5568.	15.
1800.	1822.	10.		5600...	5670.	″
1900.	1923.	15.		5700...	5771.	5.
2000.	2025.	″		5800...	5872.	10.
2100.	2126.	5.		5900...	5973.	15.
2200.	2227.	10.		6000...	6075.	″
2300.	2328.	15.		6500...	6581.	5.
2400.	2430.	″		7000...	7087.	10.
2500.	2531.	5.		7500...	7593.	15.
2600.	2632.	10.		8000...	8100.	″
2700.	2733.	15.		8500...	8606.	5.
2800.	2835.	″		9000...	9112.	10.
2900.	2936.	5.		9500...	9618.	15.

De 10000 francs à 10000000 francs, et de 10125 liv. à 10125000 liv.

fr.	*liv.*	*s.*	*fr.*	*liv.*
10000.	10125.	"	600000.	607500.
10500.	10631.	5.	700000.	708750.
20000.	20250.	"	800000.	810000.
20500.	20756.	5.	900000.	911250.
30000.	30375.	"	1000000.	1012500.
30500.	30881.	5.	1500000.	1518750.
40000.	40500.	"	2000000.	2025000.
40500.	41006.	5.	2500000.	2531250.
50000.	50625.	"	3000000.	3037500.
50500.	51131.	5.	3500000.	3543750.
60000.	60750.	"	4000000.	4050000.
60500.	61256.	5.	4500000.	4556250.
70000.	70875.	"	5000000.	5062500.
70500.	71381.	5.	5500000.	5568750.
80000.	81000.	"	6000000.	6075000.
80500.	81506.	5.	6500000.	6581250.
90000.	91125.	"	7000000.	7087500.
90500.	91631.	5.	7500000.	7593750.
100000.	101250.		8000000.	8100000.
200000.	202500.		8500000.	8606250.
300000.	303750.		9000000.	9112500.
400000.	405000.		9500000.	9618750.
500000.	506250.		10000000.	10125000.

TABLEAU COMPARATIF

DE

LA VALEUR DE LA LIVRE TOURNOIS

ET

DE CELLE DU FRANC,

Depuis 1 den. jusqu'à 4 liv. 10 sous,
et depuis 1 cent. jusqu'à 4 francs 44 cent.

den.	*cent.*
1......	00.
2......	01.
3......	01.
4......	02.
5......	02.
6......	02.
7......	03.
8......	03.
9......	04.
10......	04.
11......	05.

liv.	*s.*	*fr.*	*c.*
″	1.....	0.	05.
″	2.....	0.	10.
″	3.....	0.	15.
″	4.....	0.	20.
″	5.....	0.	25.
″	6.....	0.	30.
″	7.....	0.	35.

liv.	*s.*	*fr.*	*c.*
″	8...	0.	40.
″	9...	0.	44.
″	10...	0.	49.
″	11...	0.	54.
″	12...	0.	59.
″	13...	0.	64.
″	14...	0.	68.
″	15...	0.	74.
″	16...	0.	79.
″	17...	0.	84.
″	18...	0.	89.
″	19...	0.	94.
1.	″	0.	99.
1.	10...	1.	48.
2.	″	1.	98.
2.	10...	2.	47.
3.	″	2.	96.
3.	10...	3.	45.
4.	″	3.	95.
4.	10...	4.	44.

De 5 liv. à 42 liv. 10 sous,
et de 4 francs 94 cent. à 41 francs 97 cent.

liv.	*s.*	*fr.*	*c.*	*liv.*	*s.*	*fr.*	*c.*
5.	"	4.	94.	24.	"	23.	70.
5.	10..	5.	43.	24.	10..	24.	19.
6.	"	5.	93.	25.	"	24.	69.
6.	10..	6.	42.	25.	10..	25.	18.
7.	"	6.	91.	26.	"	25.	68.
7.	10..	7.	40.	26.	10..	26.	17.
8.	"	7.	90.	27.	"	26.	67.
8.	10..	8.	39.	27.	10..	27.	16.
9.	"	8.	89.	28.	"	27.	65.
9.	10..	9.	38.	28.	10..	28.	14.
10.	"	9.	88.	29.	"	28.	64.
10.	10..	10.	37.	29.	10..	29.	13.
11.	"	10.	86.	30.	"	29.	63.
11.	10..	11.	35.	30.	10..	30.	12.
12.	"	11.	85.	31.	"	30.	62.
12.	10..	12.	34.	31.	10..	31.	11.
13.	"	12.	84.	32.	"	31.	60.
13.	10..	13.	33.	32.	10..	32.	09.
14.	"	13.	83.	33.	"	32.	59.
14.	10..	14.	32.	33.	10..	33.	08.
15.	"	14.	81.	34.	"	33.	58.
15.	10..	15.	30.	34.	10..	34.	07.
16.	"	15.	80.	35.	"	34.	57.
16.	10..	16.	29.	35.	10..	35.	06.
17.	"	16.	79.	36.	"	35.	56.
17.	10..	17.	28.	36.	10..	36.	05.
18.	"	17.	78.	37.	"	36.	54.
18.	10..	18.	27.	37.	10..	37.	03.
19.	"	18.	77.	38.	"	37.	53.
19.	10..	19.	26.	38.	10..	38.	02.
20.	"	19.	75.	39.	"	38.	52.
20.	10..	20.	24.	39.	10..	39.	01.
21.	"	20.	74.	40.	"	39.	51.
21.	10..	21.	23.	40.	10..	40.	00.
22.	"	21.	73.	41.	"	40.	49.
22.	10..	22.	22.	41.	10..	40.	98.
23.	"	22.	72.	42.	"	41.	48.
23.	10..	23.	21.	42.	10..	41.	97.

liv.	s.	fr.	c.	liv.	s.	fr.	c.
43.	"	42.	47.	62.	"	61.	23.
43.	10..	42.	96.	62.	10..	61.	72.
44.	"	43.	46.	63.	"	62.	22.
44.	10..	43.	95.	63.	10..	62.	71.
45.	"	44.	44.	64.	"	63.	21.
45.	10..	44.	93.	64.	10..	63.	70.
46.	"	45.	43.	65.	"	64.	20.
46.	10..	45.	92.	65.	10..	64.	69.
47.	"	46.	42.	66.	"	65.	19.
47.	10..	46.	91.	66.	10..	65.	68.
48.	"	47.	41.	67.	"	66.	17.
48.	10..	47.	90.	67.	10..	66.	66.
49.	"	48.	40.	68.	"	67.	16.
49.	10..	48.	89.	68.	10..	67.	65.
50.	"	49.	38.	69.	"	68.	15.
50.	10..	49.	87.	69.	10..	68.	64.
51.	"	50.	37.	70.	"	69.	14.
51.	10..	50.	86.	70.	10..	69.	63.
52.	"	51.	36.	71.	"	70.	12.
52.	10..	51.	85.	71.	10..	70.	61.
53.	"	52.	35.	72.	"	71.	11.
53.	10..	52.	84.	72.	10..	71.	60.
54.	"	53.	33.	73.	"	72.	10.
54.	10..	53.	82.	73.	10..	72.	59.
55.	"	54.	32.	74.	"	73.	09.
55.	10..	54.	81.	74.	10..	73.	58.
56.	"	55.	31.	75.	"	74.	07.
56.	10..	55.	80.	75.	10..	74.	56.
57.	"	56.	30.	76.	"	75.	06.
57.	10..	56.	79.	76.	10..	75.	55.
58.	"	57.	28.	77.	"	76.	05.
58.	10..	57.	77.	77.	10..	76.	54.
59.	"	58.	27.	78.	"	77.	04.
59.	10..	58.	76.	78.	10..	77.	53.
60.	"	59.	26.	79.	"	78.	02.
60.	10..	59.	75.	79.	10..	78.	51.
61.	"	60.	25.	80.	"	79.	01.
61.	10..	60.	74.	80.	10..	79.	50.

De 81 liv. à 118 liv. 10 sous, et de 80 francs à 117 francs 4 cent.

liv.	s.	fr.	c.	liv.	s.	fr.	c.
81.	"	80.	00.	100.	"	98.	77.
81.	10..	80.	49.	100.	10.	99.	26.
82.	"	80.	99.	101.	"	99.	76.
82.	10..	81.	48.	101.	10.	100.	25.
83.	"	81.	98.	102.	"	100.	75.
83.	10..	82.	47.	102.	10.	101.	24.
84.	"	82.	96.	103.	"	101.	73.
84.	10..	83.	45.	103.	10.	102.	22.
85.	"	83.	95.	104.	"	102.	72.
85.	10..	84.	44.	104.	10.	103.	21.
86.	"	84.	94.	105.	"	103.	71.
86.	10..	85.	43.	105.	10.	104.	20.
87.	"	85.	93.	106.	"	104.	70.
87.	10..	86.	42.	106.	10.	105.	19.
88.	"	86.	91.	107.	"	105.	68.
88.	10..	87.	40.	107.	10.	106.	17.
89.	"	87.	90.	108.	"	106.	67.
89.	10..	88.	39.	108.	10.	107.	16.
90.	"	88.	89.	109.	"	107.	66.
90.	10..	89.	38.	109.	10.	108.	15.
91.	"	89.	88.	110.	"	108.	65.
91.	10..	90.	37.	110.	10.	109.	14.
92.	"	90.	86.	111.	"	109.	63.
92.	10..	91.	35.	111.	10.	110.	12.
93.	"	91.	85.	112.	"	110.	62.
93.	10..	92.	34.	112.	10.	111.	11.
94.	"	92.	84.	113.	"	111.	61.
94.	10..	93.	33.	113.	10.	112.	10.
95.	"	93.	83.	114.	"	112.	60.
95.	10..	94.	32.	114.	10.	113.	09.
96.	"	94.	81.	115.	"	113.	58.
96.	10..	95.	30.	115.	10.	114.	07.
97.	"	95.	80.	116.	"	114.	57.
97.	10..	96.	29.	116.	10.	115.	06.
98.	"	96.	79.	117.	"	115.	56.
98.	10..	97.	28.	117.	10.	116.	05.
99.	"	97.	78.	118.	"	116.	55.
99.	10..	98.	27.	118.	10.	117.	04.

liv.	*s.*	*fr.*	*c.*	*liv.*	*s.*	*fr.*	*c.*
119.	"	117.	54.	138.	"	136.	30.
119.	10.	118.	03.	138.	10.	136.	79.
120.	"	118.	52.	139.	"	137.	29.
120.	10.	119.	01.	139.	10.	137.	78.
121.	"	119.	51.	140.	"	138.	28.
121.	10.	120.	00.	140.	10.	138.	77.
122.	"	120.	50.	141.	"	139.	26.
122.	10.	120.	99.	141.	10.	139.	75.
123.	"	121.	49.	142.	"	140.	25.
123.	10.	121.	98.	142.	10.	140.	74.
124.	"	122.	47.	143.	"	141.	24.
124.	10.	122.	96.	143.	10.	141.	73.
125.	"	123.	46.	144.	"	142.	23.
125.	10.	123.	95.	144.	10.	142.	72.
126.	"	124.	45.	145.	"	143.	21.
126.	10.	124.	94.	145.	10.	143.	70.
127.	"	125.	44.	146.	"	144.	20.
127.	10.	125.	93.	146.	10.	144.	69.
128.	"	126.	42.	147.	"	145.	19.
128.	10.	126.	91.	147.	10.	145.	68.
129.	"	127.	41.	148.	"	146.	18.
129.	10.	127.	90.	148.	10.	146.	67.
130.	"	128.	40.	149.	"	147.	17.
130.	10.	128.	89.	149.	10.	147.	66.
131.	"	129.	39.	150.	"	148.	15.
131.	10.	129.	88.	150.	10.	148.	64.
132.	"	130.	37.	151.	"	149.	14.
132.	10.	130.	86.	151.	10.	149.	63.
133.	"	131.	36.	152.	"	150.	13.
133.	10.	131.	85.	152.	10.	150.	62.
134.	"	132.	35.	153.	"	151.	12.
134.	10.	132.	84.	153.	10.	151.	61.
135.	"	133.	34.	154.	"	152.	10.
135.	10.	133.	83.	154.	10.	152.	59.
136.	"	134.	33.	155.	"	153.	09.
136.	10.	134.	82.	155.	10.	153.	58.
137.	"	135.	31.	156.	"	154.	08.
137.	10.	135.	80.	156.	10.	154.	57.

De 157 liv. à 194 liv. 10 sous, et de 155 francs 7 cent. à 192 francs 10 cent.

liv.	*s.*	*fr.*	*c.*	*liv.*	*s.*	*fr.*	*c.*
157.	"	155.	07.	176.	"	173.	83.
157.	10.	155.	56.	176.	10.	174.	32.
158.	"	156.	05.	177.	"	174.	82.
158.	10.	156.	54.	177.	10.	175.	31.
159.	"	157.	04.	178.	"	175.	81.
159.	10.	157.	53.	178.	10.	176.	30.
160.	"	158.	03.	179.	"	176.	79.
160.	10.	158.	52.	179.	10.	177.	28.
161.	"	159.	02.	180.	"	177.	78.
161.	10.	159.	51.	180.	10.	178.	27.
162.	"	160.	00.	181.	"	178.	77.
162.	10.	160.	49.	181.	10.	179.	26.
163.	"	160.	99.	182.	"	179.	76.
163.	10.	161.	48.	182.	10.	180.	25.
164.	"	161.	98.	183.	"	180.	75.
164.	10.	162.	47.	183.	10.	181.	24.
165.	"	162.	97.	184.	"	181.	73.
165.	10.	163.	46.	184.	10.	182.	22.
166.	"	163.	96.	185.	"	182.	72.
166.	10.	164.	45.	185.	10.	183.	21.
167.	"	164.	94.	186.	"	183.	71.
167.	10.	165.	43.	186.	10.	184.	20.
168.	"	165.	93.	187.	"	184.	70.
168.	10.	166.	42.	187.	10.	185.	19.
169.	"	166.	92.	188.	"	185.	68.
169.	10.	167.	41.	188.	10.	186.	17.
170.	"	167.	91.	189.	"	186.	67.
170.	10.	168.	40.	189.	10.	187.	16.
171.	"	168.	89.	190.	"	187.	66.
171.	10.	169.	38.	190.	10.	188.	15.
172.	"	169.	88.	191.	"	188.	65.
172.	10.	170.	37.	191.	10.	189.	14.
173.	"	170.	87.	192.	"	189.	63.
173.	10.	171.	36.	192.	10.	190.	12.
174.	"	171.	86.	193.	"	190.	62.
174.	10.	172.	35.	193.	10.	191.	11.
175.	"	172.	84.	194.	"	191.	61.
175.	10.	173.	33.	194.	10.	192.	10.

liv.	*s.*	*fr.*	*c.*	*liv.*	*s.*	*fr.*	*c.*
195.	"	192.	60.	214.	"	211.	36.
195.	10.	193.	09.	214.	10.	211.	85.
196.	"	193.	58.	215.	"	212.	34.
196.	10.	194.	07.	215.	10.	212.	83.
197.	"	194.	57.	216.	"	213.	33.
197.	10.	195.	06.	216.	10.	213.	82.
198.	"	195.	56.	217.	"	214.	32.
198.	10.	196.	05.	217.	10.	214.	81.
199.	"	196.	55.	218.	"	215.	31.
199.	10.	197.	04.	218.	10.	215.	80.
200.	"	197.	53.	219.	"	216.	30.
200.	10.	198.	02.	219.	10.	216.	79.
201.	"	198.	52.	220.	"	217.	28.
201.	10.	199.	01.	220.	10.	217.	77.
202.	"	199.	51.	221.	"	218.	27.
202.	10.	200.	00.	221.	10.	218.	76.
203.	"	200.	49.	222.	"	219.	26.
203.	10.	200.	98.	222.	10.	219.	75.
204.	"	201.	48.	223.	"	220.	25.
204.	10.	201.	97.	223.	10.	220.	74.
205.	"	202.	47.	224.	"	221.	23.
205.	10.	202.	96.	224.	10.	221.	72.
206.	"	203.	46.	225.	"	222.	22.
206.	10.	203.	95.	225.	10.	222.	71.
207.	"	204.	44.	226.	"	223.	21.
207.	10.	204.	93.	226.	10.	223.	70.
208.	"	205.	43.	227.	"	224.	20.
208.	10.	205.	92.	227.	10.	224.	69.
209.	"	206.	42.	228.	"	225.	18.
209.	10.	206.	91.	228.	10.	225.	67.
210.	"	207.	41.	229.	"	226.	17.
210.	10.	207.	90.	229.	10.	226.	66.
211.	"	208.	39.	230.	"	227.	16.
211.	10.	208.	88.	230.	10.	227.	65.
212.	"	209.	38.	231.	"	228.	15.
212.	10.	209.	87.	231.	10.	228.	64.
213.	"	210.	37.	232.	"	229.	13.
213.	10.	210.	86.	232.	10.	229.	62.

 De 233 liv. à 270 liv. 10 sous, et de 230 francs 12 cent. à 267 francs 16 cent.

liv.	s.	fr.	c.	liv.	s.	fr.	c.
233.	"	230.	12.	252.	"	248.	89.
233.	10.	230.	61.	252.	10.	249.	38.
234.	"	231.	11.	253.	"	249.	88.
234.	10.	231.	60.	253.	10.	250.	37.
235.	"	232.	10.	254.	"	250.	86.
235.	10.	232.	59.	254.	10.	251.	36.
236.	"	233.	09.	255.	"	251.	85.
236.	10.	233.	58.	255.	10.	252.	35.
237.	"	234.	07.	256.	"	252.	84.
237.	10.	234.	56.	256.	10.	253.	33.
238.	"	235.	06.	257.	"	253.	83.
238.	10.	235.	55.	257.	10.	254.	32.
239.	"	236.	05.	258.	"	254.	81.
239.	10.	236.	54.	258.	10.	255.	30.
240.	"	237.	03.	259.	"	255.	80.
240.	10.	237.	52.	259.	10.	256.	29.
241.	"	238.	02.	260.	"	256.	79.
241.	10.	238.	51.	260.	10.	257.	28.
242.	"	239.	01.	261.	"	257.	78.
242.	10.	239.	50.	261.	10.	258.	27.
243.	"	240.	00.	262.	"	258.	76.
243.	10.	240.	49.	262.	10.	259.	25.
244.	"	240.	99.	263.	"	259.	75.
244.	10.	241.	48.	263.	10.	260.	24.
245.	"	241.	97.	264.	"	260.	74.
245.	10.	242.	46.	264.	10.	261.	23.
246.	"	242.	96.	265.	"	261.	73.
246.	10.	243.	45.	265.	10.	262.	22.
247.	"	243.	95.	266.	"	262.	72.
247.	10.	244.	44.	266.	10.	263.	21.
248.	"	244.	94.	267.	"	263.	70.
248.	10.	245.	43.	267.	10.	264.	19.
249.	"	245.	93.	268.	"	264.	69.
249.	10.	246.	42.	268.	10.	265.	18.
250.	"	246.	91.	269.	"	265.	68.
250.	10.	247.	40.	269.	10.	266.	17.
251.	"	247.	90.	270.	"	266.	67.
251.	10.	248.	39.	270.	10.	267.	16.

liv.	s.	fr.	c.	liv.	s.	fr.	c.
271.	"	267.	65.	290.	"	286.	42.
271.	10.	268.	14.	290.	10.	286.	91.
272.	"	268.	64.	291.	"	287.	41.
272.	10.	269.	13.	291.	10.	287.	90.
273.	"	269.	63.	292.	"	288.	39.
273.	10.	270.	12.	292.	10.	288.	88.
274.	"	270.	62.	293.	"	289.	38.
274.	10.	271.	11.	293.	10.	289.	87.
275.	"	271.	60.	294.	"	290.	37.
275.	10.	272.	09.	294.	10.	290.	86.
276.	"	272.	59.	295.	"	291.	36.
276.	10.	273.	08.	295.	10.	291.	85.
277.	"	273.	58.	296.	"	292.	34.
277.	10.	274.	07.	296.	10.	292.	83.
278.	"	274.	57.	297.	"	293.	33.
278.	10.	275.	06.	297.	10.	293.	82.
279.	"	275.	55.	298.	"	294.	32.
279.	10.	276.	04.	298.	10.	294.	81.
280.	"	276.	54.	299.	"	295.	31.
280.	10.	277.	03.	299.	10.	295.	80.
281.	"	277.	53.	300.	"	296.	30.
281.	10.	278.	02.	300.	10.	296.	79.
282.	"	278.	52.	301.	"	297.	29.
282.	10.	279.	01.	301.	10.	297.	78.
283.	"	279.	51.	302.	"	298.	28.
283.	10.	280.	00.	302.	10.	298.	77.
284.	"	280.	49.	303.	"	299.	26.
284.	10.	280.	98.	303.	10.	299.	75.
285.	"	281.	48.	304.	"	300.	25.
285.	10.	281.	97.	304.	10.	300.	74.
286.	"	282.	46.	305.	"	301.	24.
286.	10.	282.	96.	305.	10.	301.	73.
287.	"	283.	45.	306.	"	302.	23.
287.	10.	283.	95.	306.	10.	302.	72.
288.	"	284.	44.	307.	"	303.	21.
288.	10.	284.	93.	307.	10.	303.	70.
289.	"	285.	43.	308.	"	304.	20.
289.	10.	285.	92.	308.	10.	304.	69.

 De 309 liv. à 346 liv. 10 sous,
et de 305 francs 19 cent. à 342 francs 22 cent.

liv.	*s.*	*fr.*	*c.*	*liv.*	*s.*	*fr.*	*c.*
309.	"	305.	19.	328.	"	323.	95.
309.	10.	305.	68.	328.	10.	324.	44.
310.	"	306.	18.	329.	"	324.	94.
310.	10.	306.	67.	329.	10.	325.	43.
311.	"	307.	16.	330.	"	325.	93.
311.	10.	307.	65.	330.	10.	326.	42.
312.	"	308.	15.	331.	"	326.	92.
312.	10.	308.	64.	331.	10.	327.	41.
313.	"	309.	14.	332.	"	327.	90.
313.	10.	309.	63.	332.	10.	328.	39.
314.	"	310.	13.	333.	"	328.	89.
314.	10.	310.	62.	333.	10.	329.	38.
315.	"	311.	11.	334.	"	329.	88.
315.	10.	311.	60.	334.	10.	330.	37.
316.	"	312.	10.	335.	"	330.	87.
316.	10.	312.	59.	335.	10.	331.	36.
317.	"	313.	09.	336.	"	331.	86.
317.	10.	313.	58.	336.	10.	332.	35.
318.	"	314.	08.	337.	"	332.	84.
318.	10.	314.	57.	337.	10.	333.	33.
319.	"	315.	07.	338.	"	333.	83.
319.	10.	315.	56.	338.	10.	334.	32.
320.	"	316.	05.	339.	"	334.	82.
320.	10.	316.	54.	339.	10.	335.	31.
321.	"	317.	04.	340.	"	335.	81.
321.	10.	317.	53.	340.	10.	336.	30.
322.	"	318.	03.	341.	"	336.	79.
322.	10.	318.	52.	341.	10.	337.	28.
323.	"	319.	02.	342.	"	337.	78.
323.	10.	319.	51.	342.	10.	338.	27.
324.	"	320.	00.	343.	"	338.	77.
324.	10.	320.	49.	343.	10.	339.	26.
325.	"	320.	99.	344.	"	339.	76.
325.	10.	321.	48.	344.	10.	340.	25.
326.	"	321.	98.	345.	"	340.	74.
326.	10.	322.	47.	345.	10.	341.	23.
327.	"	322.	97.	346.	"	341.	73.
327.	10.	323.	46.	346.	10.	342.	22.

liv.	s.	fr.	c.	liv.	s.	fr.	c.
347.	"	342.	72.	366.	"	361.	49.
347.	10.	343.	21.	366.	10.	361.	98.
348.	"	343.	71.	367.	"	362.	47.
348.	10.	344.	20.	367.	10.	362.	96.
349.	"	344.	70.	368.	"	363.	46.
349.	10.	345.	19.	368.	10.	363.	95.
350.	"	345.	68.	369.	"	364.	45.
350.	10.	346.	17.	369.	10.	364.	94.
351.	"	346.	67.	370.	"	365.	44.
351.	10.	347.	16.	370.	10.	365.	93.
352.	"	347.	66.	371.	"	366.	43.
352.	10.	348.	15.	371.	10.	366.	91.
353.	"	348.	65.	372.	"	367.	41.
353.	10.	349.	14.	372.	10.	367.	90.
354.	"	349.	63.	373.	"	368.	40.
354.	10.	350.	12.	373.	10.	368.	89.
355.	"	350.	62.	374.	"	369.	39.
355.	10.	351.	11.	374.	10.	369.	88.
356.	"	351.	61.	375.	"	370.	37.
356.	10.	352.	10.	375.	10.	370.	86.
357.	"	352.	60.	376.	"	371.	36.
357.	10.	353.	09.	376.	10.	371.	85.
358.	"	353.	58.	377.	"	372.	35.
358.	10.	354.	07.	377.	10.	372.	84.
359.	"	354.	57.	378.	"	373.	34.
359.	10.	355.	06.	378.	10.	373.	83.
360.	"	355.	56.	379.	"	374.	32.
360.	10.	356.	05.	379.	10.	374.	81.
361.	"	356.	55.	380.	"	375.	31.
361.	10.	357.	04.	380.	10.	375.	80.
362.	"	357.	53.	381.	"	376.	30.
362.	10.	358.	02.	381.	10.	376.	79.
363.	"	358.	52.	382.	"	377.	29.
363.	10.	359.	01.	382.	10.	377.	78.
364.	"	359.	51.	383.	"	378.	28.
364.	10.	360.	00.	383.	10.	378.	77.
365.	"	360.	50.	384.	"	379.	26.
365.	10.	360.	99.	384.	10.	379.	75.

De 385 liv. à 422 liv. 10 sous,
et de 380 francs 25 cent. à 417 francs 28 cent.

liv.	s.	fr.	c.	liv.	s.	fr.	c.
385.	"	380.	25.	404.	"	399.	01.
385.	10.	380.	74.	404.	10.	399.	50.
386.	"	381.	24.	405.	"	400.	00.
386.	10.	381.	73.	405.	10.	400.	49.
387.	"	382.	23.	406.	"	400.	99.
387.	10.	382.	72.	406.	10.	401.	48.
388.	"	383.	21.	407.	"	401.	97.
388.	10.	383.	71.	407.	10.	402.	46.
389.	"	384.	20.	408.	"	402.	96.
389.	10.	384.	70.	408.	10.	403.	45.
390.	"	385.	19.	409.	"	403.	95.
390.	10.	385.	68.	409.	10.	404.	44.
391.	"	386.	18.	410.	"	404.	94.
391.	10.	386.	67.	410.	10.	405.	43.
392.	"	387.	16.	411.	"	405.	92.
392.	10.	387.	65.	411.	10.	406.	41.
393.	"	388.	15.	412.	"	406.	91.
393.	10.	388.	64.	412.	10.	407.	40.
394.	"	389.	14.	413.	"	407.	90.
394.	10.	389.	63.	413.	10.	408.	39.
395.	"	390.	13.	414.	"	408.	89.
395.	10.	390.	62.	414.	10.	409.	38.
396.	"	391.	11.	415.	"	409.	87.
396.	10.	391.	60.	415.	10.	410.	36.
397.	"	392.	10.	416.	"	410.	86.
397.	10.	392.	59.	416.	10.	411.	35.
398.	"	393.	09.	417.	"	411.	85.
398.	10.	393.	58.	417.	10.	412.	34.
399.	"	394.	08.	418.	"	412.	84.
399.	10.	394.	57.	418.	10.	413.	33.
400.	"	395.	06.	419.	"	413.	83.
400.	10.	395.	55.	419.	10.	414.	32.
401.	"	396.	05.	420.	"	414.	81.
401.	10.	396.	54.	420.	10.	415.	30.
402.	"	397.	04.	421.	"	415.	80.
402.	10.	397.	53.	421.	10.	416.	29.
403.	"	398.	02.	422.	"	416.	79.
403.	10.	398.	51.	422.	10.	417.	28.

De 423 liv. à 460 liv. 10 sous,
et de 417 francs 78 cent. à 454 francs 81 cent.

liv.	s.	fr.	c.	liv.	s.	fr.	c.
423.	"	417.	78.	442.	"	436.	54.
423.	10.	418.	27.	442.	10.	437.	03.
424.	"	418.	76.	443.	"	437.	53.
424.	10.	419.	25.	443.	10.	438.	02.
425.	"	419.	75.	444.	"	438.	52.
425.	10.	420.	24.	444.	10.	439.	01.
426.	"	420.	74.	445.	"	439.	50.
426.	10.	421.	23.	445.	10.	439.	99.
427.	"	421.	73.	446.	"	440.	49.
427.	10.	422.	22.	446.	10.	440.	98.
428.	"	422.	71.	447.	"	441.	48.
428.	10.	423.	20.	447.	10.	441.	97.
429.	"	423.	70.	448.	"	442.	47.
429.	10.	424.	19.	448.	10.	442.	96.
430.	"	424.	69.	449.	"	443.	46
430.	10.	425.	18.	449.	10.	443.	95.
431.	"	425.	68.	450.	"	444.	44.
431.	10.	426.	17.	450.	10.	444.	93.
432.	"	426.	66.	451.	"	445.	43.
432.	10.	427.	15.	451.	10.	445.	92.
433.	"	427.	65.	452.	"	446.	42.
433.	10.	428.	14.	452.	10.	446.	91.
434.	"	428.	64.	453.	"	447.	41.
434.	10.	429.	13.	453.	10.	447.	90.
435.	"	429.	63.	454.	"	448.	39.
435.	10.	430.	12.	454.	10.	448.	88.
436.	"	430.	62.	455.	"	449.	38.
436.	10.	431.	11.	455.	10.	449.	87.
437.	"	431.	60.	456.	"	450.	37.
437.	10.	432.	09.	456.	10.	450.	86.
438.	"	432.	59.	457.	"	451.	36.
438.	10.	433.	08.	457.	10.	451.	85.
439.	"	433.	58.	458.	"	452.	34.
439.	10.	434.	07.	458.	10.	452.	83.
440.	"	434.	57.	459.	"	453.	33.
440.	10.	435.	06.	459.	10.	453.	82.
441.	"	435.	55.	460.	"	454.	32.
441.	10.	436.	04.	460.	10.	454.	81.

 De 461 liv. à 498 liv. 10 sous, et de 455 francs 31 cent. à 492 francs 34 cent.

liv.	s.	fr.	c.	liv.	s.	fr.	c.
461.	"	455.	31.	480.	"	474.	07.
461.	10.	455.	80.	480.	10.	474.	56.
462.	"	456.	29.	481.	"	475.	06.
462.	10.	456.	78.	481.	10.	475.	55.
463.	"	457.	28.	482.	"	476.	05.
463.	10.	457.	77.	482.	10.	476.	54.
464.	"	458.	27.	483.	"	477.	04.
464.	10.	458.	76.	483.	10.	477.	53.
465.	"	459.	26.	484.	"	478.	02.
465.	10.	459.	75.	484.	10.	478.	51.
466.	"	460.	25.	485.	"	479.	01.
466.	10.	460.	74.	485.	10.	479.	50.
467.	"	461.	23.	486.	"	480.	00.
467.	10.	461.	72.	486.	10.	480.	49.
468.	"	462.	22.	487.	"	480.	99.
468.	10.	462.	71.	487.	10.	481.	48.
469.	"	463.	21.	488.	"	481.	97.
469.	10.	463.	70.	488.	10.	482.	46.
470.	"	464.	20.	489.	"	482.	96.
470.	10.	464.	69.	489.	10.	483.	45.
471.	"	465.	18.	490.	"	483.	95.
471.	10.	465.	67.	490.	10.	484.	44.
472.	"	466.	17.	491.	"	484.	94.
472.	10.	466.	66.	491.	10.	485.	43.
473.	"	467.	16.	492.	"	485.	92.
473.	10.	467.	65.	492.	10.	486.	41.
474.	"	468.	15.	493.	"	486.	91.
474.	10.	468.	64.	493.	10.	487.	40.
475.	"	469.	13.	494.	"	487.	90.
475.	10.	469.	62.	494.	10.	488.	39.
476.	"	470.	12.	495.	"	488.	89.
476.	10.	470.	61.	495.	10.	489.	38.
477.	"	471.	11.	496.	"	489.	88.
477.	10.	471.	60.	496.	10.	490.	36.
478.	"	472.	10.	497.	"	490.	86.
478.	10.	472.	59.	497.	10.	491.	35.
479.	"	473.	08.	498.	"	491.	85.
479.	10.	473.	57.	498.	10.	492.	34.

De 499 liv. à 536 liv. 10 sous, et de 492 francs 84 cent. à 529 francs 88 cent.

liv.	*s.*	*fr.*	*c.*	*liv.*	*s.*	*fr.*	*c.*
499.	"	492.	84.	518.	"	511.	61.
499.	10.	493.	33.	518.	10.	512.	10.
500.	"	493.	83.	519.	"	512.	60.
500.	10.	494.	32.	519.	10.	513.	09.
501.	"	494.	82.	520	"	513.	58.
501.	10.	495.	31.	520.	10.	514.	07.
502.	"	495.	81.	521.	"	514.	57.
502.	10.	496.	30.	521.	10.	515.	06.
503.	"	496.	79.	522.	"	515.	56.
503.	10.	497.	28.	522.	10.	516.	04.
504.	"	497.	78.	523.	"	516.	55.
504.	10.	498.	27.	523.	10.	517.	03.
505.	"	498.	77.	524.	"	517.	53.
505.	10.	499.	26.	524.	10.	518.	02.
506.	"	499.	76.	525.	"	518.	52.
506.	10.	500.	25.	525.	10.	519.	01.
507.	"	500.	74.	526.	"	519.	51.
507.	10.	501.	23.	526.	10.	520.	00.
508.	"	501.	73.	527.	"	520.	50.
508.	10.	502.	22.	527.	10.	520.	99.
509.	"	502.	72.	528.	"	521.	48.
509.	10.	503.	21.	528.	10.	521.	97.
510.	"	503.	71.	529.	"	522.	47.
510.	10.	504.	20.	529.	10.	522.	96.
511.	"	504.	69.	530.	"	523.	46.
511.	10.	505.	18.	530.	10.	523.	95.
512.	"	505.	68.	531.	"	524.	45.
512.	10.	506.	17.	531.	10.	524.	94.
513.	"	506.	67.	532.	"	525.	43.
513.	10.	507.	16.	532.	10.	525.	92.
514.	"	507.	66.	533.	"	526.	42.
514.	10.	508.	15.	533.	10.	526.	91.
515.	"	508.	64.	534.	"	527.	41.
515.	10.	509.	13.	534.	10.	527.	90.
516.	"	509.	63.	535.	"	528.	40.
516.	10.	510.	12.	535.	10.	528.	89.
517.	"	510.	62.	536.	"	529.	39.
517.	10.	511.	11.	536.	10.	529.	88.

 De 537 liv. à 574 liv. 10 sous, et de 530 francs 37 cent. à 567 francs 41 cent.

liv.	s.	fr.	c.	liv.	s.	fr.	c.
537.	"	530.	37.	556.	"	549.	14.
537.	10.	530.	86.	556.	10.	549.	63.
538.	"	531.	36.	557.	"	550.	13.
538.	10.	531.	85.	557.	10.	550.	62.
539.	"	532.	35.	558.	"	551.	11.
539.	10.	532.	84.	558.	10.	551.	60.
540.	"	533.	34.	559.	"	552.	10.
540.	10.	533.	83.	559.	10.	552.	59.
541.	"	534.	32.	560.	"	553.	09.
541.	10.	534.	81.	560.	10.	553.	58.
542.	"	535.	31.	561.	"	554.	08.
542.	10.	535.	80.	561.	10.	554.	57.
543.	"	536.	30.	562.	"	555.	06.
543.	10.	536.	79.	562.	10.	555.	55.
544.	"	537.	29.	563.	"	556.	05.
544.	10.	537.	78.	563.	10.	556.	54.
545.	"	538.	27.	564.	"	557.	04.
545.	10.	538.	76.	564.	10.	557.	53.
546.	"	539.	26.	565.	"	558.	03.
546.	10.	539.	75.	565.	10.	558.	52.
547.	"	540.	25.	566.	"	559.	02.
547.	10.	540.	74.	566.	10.	559.	51.
548.	"	541.	24.	567.	"	560.	00.
548.	10.	541.	73.	567.	10.	560.	49.
549.	"	542.	23.	568.	"	560.	99.
549.	10.	542.	72.	568.	10.	561.	48.
550.	"	543.	21.	569.	"	561.	98.
550.	10.	543.	70.	569.	10.	562.	47.
551.	"	544.	20	570.	"	562.	97.
551.	10.	544.	69.	570.	10.	563.	46.
552.	"	545.	19.	571.	"	563.	95.
552.	10.	545.	68.	571.	10.	564.	44.
553.	"	546.	18.	572.	"	564.	94.
553.	10.	546.	67.	572.	10.	565.	43.
554.	"	547.	16.	573.	"	565.	93.
554.	10.	547.	65.	573.	10.	566.	42.
555.	"	548.	15.	574.	"	566.	92.
555.	10.	548.	64.	574.	10.	567.	41.

De 575 liv. à 612 liv. 10 sous,
et de 567 francs 90 cent. à 604 francs 93 cent.

liv.	*s.*	*fr.*	*c.*	*liv.*	*s.*	*fr.*	*c.*
575.	"	567.	90.	594.	"	586.	67.
575.	10.	568.	39.	594.	10.	587.	16.
576.	"	568.	89.	595.	"	587.	66.
576.	10.	569.	38.	595.	10.	588.	15.
577.	"	569.	88.	596.	"	588.	64.
577.	10.	570.	37.	596.	10.	589.	13.
578.	"	570.	87.	597.	"	589.	63.
578.	10.	571.	36.	597.	10.	590.	12.
579.	"	571.	85.	598.	"	590.	62.
579.	10.	572.	34.	598.	10.	591.	11.
580.	"	572.	84.	599.	"	591.	61.
580.	10.	573.	33.	599.	10.	592.	10.
581.	"	573.	83.	600.	"	592.	59.
581.	10.	574.	32.	600.	10.	593.	08.
582.	"	574.	82.	601.	"	593.	58.
582.	10.	575.	31.	601.	10.	594.	07.
583.	"	575.	81.	602.	"	594.	57.
583.	10.	576.	30.	602.	10.	595.	06.
584.	"	576.	79.	603.	"	595.	55.
584.	10.	577.	28.	603.	10.	596.	04.
585.	"	577.	78.	604.	"	596.	54.
585.	10.	578.	27.	604.	10.	597.	03.
586.	"	578.	77.	605.	"	597.	53.
586.	10.	579.	26.	605.	10.	598.	02.
587.	"	579.	76.	606.	"	598.	52.
587.	10.	580.	25.	606.	10.	599.	01.
588.	"	580.	74.	607.	"	599.	50.
588.	10.	581.	23.	607.	10.	599.	99.
589.	"	581.	73.	608.	"	600.	49.
589.	10.	582.	22.	608.	10.	600.	98.
590.	"	582.	72.	609.	"	601.	48.
590.	10.	583.	21.	609.	10.	601.	97.
591.	"	583.	71.	610.	"	602.	47.
591.	10.	584.	20.	610.	10.	602.	96.
592.	"	584.	69.	611.	"	603.	45.
592.	10.	585.	18.	611.	10.	603.	94.
593.	"	585.	68.	612.	"	604.	44.
593.	10.	586.	17.	612.	10.	604.	93.

 De 613 liv. à 650 liv. 10 sous, et de 605 francs 43 cent. à 642 francs 46 cent.

liv.	s.	fr.	c.	liv.	s.	fr.	c.
613.	"	605.	43.	632.	"	624.	20.
613.	10.	605.	92.	632.	10.	624.	69.
614.	"	606.	42.	633.	"	625.	19.
614.	10.	606.	91.	633.	10.	625.	68.
615.	"	607.	40.	634.	"	626.	18.
615.	10.	607.	90.	634.	10.	626.	67.
616.	"	608.	39.	635.	"	627.	17.
616.	10.	608.	88.	635.	10.	627.	66.
617.	"	609.	38.	636.	"	628.	15.
617.	10.	609.	87.	636.	10.	628.	64.
618.	"	610.	37.	637.	"	629.	14.
618.	10.	610.	86.	637.	10.	629.	63.
619.	"	611.	36.	638.	"	630.	13.
619.	10.	611.	85.	638.	10.	630.	62.
620.	"	612.	34.	639.	"	631.	12.
620.	10.	612.	83.	639.	10.	631.	61.
621.	"	613.	33.	640.	"	632.	10.
621.	10.	613.	82.	640.	10	632.	59.
622.	"	614.	32.	641.	"	633.	09.
622.	10.	614.	81.	641.	10.	633.	58.
623.	"	615.	31.	642.	"	634.	08.
623.	10.	615.	80.	642.	10.	634.	57.
624.	"	616.	30.	643.	"	635.	07.
624.	10.	616.	78.	643.	10.	635.	56.
625.	"	617.	28.	644.	"	636.	05.
625.	10.	617.	77.	644.	10.	636.	54.
626.	"	618.	27.	645.	"	637.	04.
626.	10.	618.	76.	645.	10.	637.	53.
627.	"	619.	26.	646.	"	638.	03.
627	10.	619.	75.	646.	10.	638.	52.
628.	"	620.	25.	647.	"	639.	02.
628.	10.	620.	74.	647.	10.	639.	50.
629.	"	621.	24.	648.	"	640.	00.
629.	10.	621.	73.	648.	10.	640.	49.
630.	"	622.	23.	649.	"	640.	99.
630.	10.	622.	72.	649.	10.	641.	48.
631.	"	623.	21.	650.	"	641.	97.
631.	10.	623.	70.	650.	10.	642.	46.

liv.	s.	fr.	c.	liv.	s.	fr.	c.
651.	"	642.	96.	670.	"	661.	72.
651.	10.	643.	45.	670.	10.	662.	21.
652.	"	643.	94.	671.	"	662.	71.
652.	10.	644.	43.	671.	10.	663.	20.
653.	"	644.	93.	672.	"	663.	70.
653.	10.	645.	42.	672.	10.	664.	19.
654.	"	645.	92.	673.	"	664.	68.
654.	10.	646.	41.	673.	10.	665.	17.
655.	"	646.	91.	674.	"	665.	67.
655.	10.	647.	40.	674.	10.	666.	16.
656.	"	647.	89.	675.	"	666.	66.
656.	10.	648.	38.	675.	10.	667.	15.
657.	"	648.	88.	676.	"	667.	65.
657.	10.	649.	37.	676.	10.	668.	14.
658.	"	649.	87.	677.	"	668.	64.
658.	10.	650.	36.	677.	10.	669.	13.
659.	"	650.	86.	678.	"	669.	63.
659.	10.	651.	35.	678.	10.	670.	12.
660.	"	651.	84.	679.	"	670.	62.
660.	10.	652.	33.	679.	10.	671.	11.
661.	"	652.	83.	680.	"	671.	60.
661.	10.	653.	32.	680.	10.	672.	09.
662.	"	653.	82.	681.	"	672.	59.
662.	10.	654.	31.	681.	10.	673.	08.
663.	"	654.	81.	682.	"	673.	58.
663.	10.	655.	30.	682.	10.	674.	07.
664.	"	655.	79.	683.	"	674.	57.
664.	10.	656.	28.	683.	10.	675.	06.
665.	"	656.	78.	684.	"	675.	55.
665.	10.	657.	27.	684.	10.	676.	04.
666.	"	657.	77.	685.	"	676.	54.
666.	10.	658.	26.	685.	10.	677.	03.
667.	"	658.	76.	686.	"	677.	53.
667.	10.	659.	25.	686.	10.	678.	02.
668.	"	659.	75.	687.	"	678.	52.
668.	10.	660.	24.	687.	10.	679.	01.
669.	"	660.	73.	688.	"	679.	50.
669.	10.	661.	22.	688.	10.	679.	99.

 De 689 liv. à 726 liv. 10 sous, et de 680 francs 49 cent. à 717 francs 53 cent.

liv.	s.	fr.	c.	liv.	s.	fr.	c.
689.	"	680.	49.	708.	"	699.	25.
689.	10.	680.	98.	708.	10.	699.	75.
690.	"	681.	48.	709.	"	700.	24.
690.	10.	681.	97.	709.	10.	700.	74.
691.	"	682.	47.	710.	"	701.	23.
691.	10.	682.	96	710.	10.	701.	73.
692.	"	683.	46.	711.	"	702.	22.
692.	10.	683.	95.	711.	10.	702.	72.
693.	"	684.	44.	712.	"	703.	21.
693.	10.	684.	93.	712.	10.	703.	70.
694.	"	685.	43.	713.	"	704.	19.
694.	10.	685.	92.	713.	10.	704.	69.
695.	"	686.	42.	714.	"	705.	18.
695.	10.	686.	91.	714.	10.	705.	68.
696.	"	687.	41.	715.	"	706.	17.
696.	10.	687.	90.	715.	10.	706.	67.
697.	"	688.	39.	716.	"	707.	16.
697.	10.	688.	88.	716.	10.	707.	65.
698.	"	689.	38.	717.	"	708.	15.
698.	10.	689.	87.	717.	10.	708.	64.
699.	"	690.	37.	718.	"	709.	14.
699.	10.	690.	86.	718.	10.	709.	63.
700.	"	691.	36.	719.	"	710.	13.
700.	10.	691.	85.	719.	10.	710.	62.
701.	"	692.	34.	720.	"	711.	11.
701.	10.	692.	83.	720.	10.	711.	60.
702.	"	693.	33.	721.	"	712.	10.
702.	10.	693.	82.	721.	10.	712.	59.
703.	"	694.	32.	722.	"	713.	09.
703.	10.	694.	81.	722.	10.	713.	58.
704.	"	695.	31.	723.	"	714.	08.
704.	10.	695.	80.	723.	10.	714.	57.
705.	"	696.	29.	724.	"	715.	06.
705.	10.	696.	79.	724.	10.	715.	55.
706.	"	697.	28.	725.	"	716.	05.
706.	10.	697.	78.	725.	10.	716.	54.
707.	"	698.	27.	726.	"	717.	04.
707.	10.	698.	76.	726.	10.	717.	53.

liv.	s.	fr.	c.	liv.	s.	fr.	c.
727.	"	718.	02.	746.	"	736.	79.
727.	10.	718.	51.	746.	10.	737.	28.
728.	"	719.	01.	747.	"	737.	78.
728.	10.	719.	50.	747.	10.	738.	27.
729.	"	720.	00.	748.	"	738.	76.
729.	10.	720.	49.	748.	10.	739.	25.
730.	"	720.	99.	749.	"	739.	75.
730.	10.	721.	48.	749.	10.	740.	24.
731.	"	721.	97.	750.	"	740.	74.
731.	10.	722.	46.	750.	10.	741.	23.
732.	"	722.	96.	751.	"	741.	73.
732.	10.	723.	45.	751.	10.	742.	22.
733.	"	723.	95.	752.	"	742.	72.
733.	10.	724.	44.	752.	10.	743.	21.
734.	"	724.	94.	753.	"	743.	71.
734.	10.	725.	43.	753.	10.	744.	20.
735.	"	725.	92.	754.	"	744.	69.
735.	10.	726.	41.	754.	10.	745.	18.
736.	"	726.	91.	755.	"	745.	68.
736.	10.	727.	40.	755.	10.	746.	17.
737.	"	727.	90.	756.	"	746.	67.
737.	10.	728.	39.	756.	10.	747.	16.
738.	"	728.	89.	757.	"	747.	66.
738.	10.	729.	38.	757.	10.	748.	15.
739.	"	729.	87.	758.	"	748.	64.
739.	10.	730.	36.	758.	10.	749.	13.
740.	"	730.	86.	759.	"	749.	63.
740.	10.	731.	35.	759.	10.	750.	12.
741.	"	731.	85.	760.	"	750.	62.
741.	10.	732.	34.	760.	10.	751.	11.
742.	"	732.	84.	761.	"	751.	61.
742.	10.	733.	33.	761.	10.	752.	10.
743.	"	733.	83.	762.	"	752.	60.
743.	10.	734.	32.	762.	10.	753.	09.
744.	"	734.	81.	763.	"	753.	58.
744.	10.	735.	30.	763.	10.	754.	07.
745.	"	735.	80.	764.	"	754.	57.
745.	10.	736.	29.	764.	10.	755.	06.

De 765 liv. à 802 liv. 10 sous,
et de 755 francs 56 cent. à 792 francs 59 cent.

liv.	*s.*	*fr.*	*c.*	*liv.*	*s.*	*fr.*	*c.*
765.	"	755.	56.	784.	"	774.	32.
765.	10.	756.	05.	784.	10.	774.	81.
766.	"	756.	54.	785.	"	775.	31.
766.	10.	757.	04.	785.	10.	775.	80.
767.	"	757.	53.	786.	"	776.	29.
767.	10.	758.	02.	786.	10.	776.	78.
768.	"	758.	52.	787.	"	777.	28.
768.	10.	759.	01.	787.	10.	777.	77.
769.	"	759.	51.	788.	"	778.	27.
769.	10.	760.	00.	788.	10.	778.	76.
770.	"	760.	50.	789.	"	779.	26.
770.	10.	760.	99.	789.	10.	779.	75.
771.	"	761.	48.	790.	"	780.	25.
771.	10.	761.	97.	790.	10.	780.	74.
772.	"	762.	47.	791.	"	781.	23.
772.	10.	762.	96.	791.	10.	781.	72.
773.	"	763.	46.	792.	"	782.	22.
773.	10.	763.	95.	792.	10.	782.	71.
774.	"	764.	45.	793.	"	783.	21.
774.	10.	764.	94.	793.	10.	783.	70.
775.	"	765.	43.	794.	"	784.	20.
775.	10.	765.	92.	794.	10.	784.	69.
776.	"	766.	42.	795.	"	785.	18.
776.	10.	766.	91.	795.	10.	785.	67.
777.	"	767.	41.	796.	"	786.	17.
777.	10.	767.	90.	796.	10.	786.	66.
778.	"	768.	40.	797.	"	787.	16.
778.	10.	768.	89.	797.	10.	787.	65.
779.	"	769.	38.	798.	"	788.	15.
779.	10.	769.	87.	798.	10.	788.	64.
780.	"	770.	37.	799.	"	789.	13.
780.	10.	770.	86.	799.	10.	789.	62.
781.	"	771.	36.	800.	"	790.	12.
781.	10.	771.	85.	800.	10.	790.	61.
782.	"	772.	34.	801.	"	791.	11.
782.	10.	772.	83.	801.	10.	791.	60.
783.	"	773.	33.	802.	"	792.	10.
783.	10.	773.	82.	802.	10.	792.	59.

De 803 liv. à 840 liv. 10 sous,
et de 793 francs 8 cent. à 830 francs 12 cent.

liv.	*s.*	*fr.*	*c.*	*liv.*	*s.*	*fr.*	*c.*
803.	″	793.	08.	822.	″	811.	85.
803.	10.	793.	57.	822.	10.	812.	34.
804.	″	794.	07.	823.	″	812.	84.
804.	10.	794.	56.	823.	10.	813.	33.
805.	″	795.	06.	824.	″	813.	82.
805.	10.	795.	55.	824.	10.	814.	31.
806.	″	796.	05.	825.	″	814.	81.
806.	10.	796.	54.	825.	10.	815.	30.
807.	″	797.	04.	826.	″	815.	80.
807.	10.	797.	53.	826.	10.	816.	29.
808.	″	798.	02.	827.	″	816.	79.
808.	10.	798.	51.	827.	10.	817.	28.
809.	″	799.	01.	828.	″	817.	77.
809.	10.	799.	50.	828.	10.	818.	26.
810.	″	800.	00.	829.	″	818.	76.
810.	10.	800.	49.	829.	10.	819.	25.
811.	″	800.	98.	830.	″	819.	75.
811.	10.	801.	47.	830.	10.	820.	24.
812.	″	801.	97.	831.	″	820.	74.
812.	10.	802.	46.	831.	10.	821.	23.
813.	″	802.	96.	832.	″	821.	72.
813.	10.	803.	45.	832.	10.	822.	21.
814.	″	803.	95.	833.	″	822.	71.
814.	10.	804.	44.	833.	10.	823.	20.
815.	″	804.	93.	834.	″	823.	70.
815.	10.	805.	43.	834.	10.	824.	19.
816.	″	805.	92.	835.	″	824.	69.
816.	10.	806.	42.	835.	10.	825.	18.
817.	″	806.	91.	836.	″	825.	68.
817.	10.	807.	41.	836.	10.	826.	17.
818.	″	807.	90.	837.	″	826.	66.
818.	10.	808.	39.	837.	10.	827.	15.
819.	″	808.	89.	838.	″	827.	65.
819.	10.	809.	38.	838.	10.	828.	14.
820.	″	809.	87.	839.	″	828.	64.
820.	10.	810.	36.	839.	10.	829.	13.
821.	″	810.	86.	840.	″	829.	63.
821.	10.	811.	35.	840.	10.	830.	12.

De 841 liv. à 878 liv. 10 sous,
et de 830 francs 61 cent. à 867 francs 65 cent.

liv.	s.	fr.	c.	liv.	s.	fr.	c.
841.	"	830.	61.	860.	"	849.	38.
841.	10.	831.	10.	860.	10.	849.	87.
842.	"	831.	60.	861.	"	850.	37.
842.	10.	832.	09.	861.	10.	850	86.
843.	"	832.	59.	862.	"	851.	35.
843.	10.	833.	08.	862.	10.	851.	84.
844.	"	833.	58.	863.	"	852.	34.
844.	10.	834.	07.	863.	10.	852.	83.
845.	"	834.	56.	864.	"	853.	33.
845.	10.	835.	05.	864.	10.	853.	82.
846.	"	835.	55.	865.	"	854.	32.
846.	10.	836.	04.	865.	10.	854.	81.
847.	"	836.	54.	866.	"	855.	31.
847.	10.	837.	03.	866.	10.	855.	80.
848.	"	837.	53.	867.	"	856.	29.
848.	10.	838.	02.	867.	10.	856.	78.
849.	"	838.	52.	868.	"	857.	28.
849.	10.	839.	01.	868.	10.	857.	77.
850.	"	839.	50.	869.	"	858.	27.
850.	10.	839.	99.	869.	10.	858.	76.
851.	"	840.	49.	870.	"	859.	26.
851.	10.	840.	98.	870.	10.	859.	75.
852.	"	841.	48.	871.	"	860.	24.
852.	10.	841.	97.	871.	10.	860.	73.
853.	"	842.	47.	872.	"	861.	23.
853.	10.	842.	96.	872.	10.	861.	72.
854.	"	843.	45.	873.	"	862.	22.
854.	10.	843.	94.	873.	10.	862.	71.
855.	"	844.	44.	874.	"	863.	21.
855.	10.	844.	93.	874.	10.	863.	70.
856.	"	845.	43.	875.	"	864.	19.
856.	10.	845.	92.	875.	10.	864.	68.
857.	"	846.	42.	876.	"	865.	18.
857.	10.	846.	91.	876.	10.	865.	67.
858.	"	847.	40.	877.	"	866.	17.
858.	10.	847.	89.	877.	10.	866.	66.
859.	"	848.	39.	878.	"	867.	16.
859.	10.	848.	88.	878.	10.	867.	65.

De 879 liv. à 916 liv. 10 sous,
et de 868 francs 14 cent. à 905 francs 18 cent.

liv.	*s.*	*fr.*	*c.*	*liv.*	*s.*	*fr.*	*c.*
879.	"	868.	14.	898.	"	886.	91.
879.	10.	868.	63.	898.	10.	887.	40.
880.	"	869.	13.	899.	"	887.	90.
880.	10.	869.	62.	899.	10.	888.	39.
881.	"	870.	12.	900.	"	888.	89.
881.	10.	870.	61.	900.	10.	889.	38.
882.	"	871.	11.	901.	"	889.	88.
882.	10.	871.	60.	901.	10.	890.	37.
883.	"	872.	10.	902.	"	890.	87.
883.	10.	872.	59.	902.	10.	891.	36.
884.	"	873.	08.	903.	"	891.	85.
884.	10.	873.	57.	903.	10.	892.	34.
885.	"	874.	07.	904.	"	892.	84.
885.	10.	874.	56.	904.	10.	893.	33.
886.	"	875.	06.	905.	"	893.	83.
886.	10.	875.	55.	905.	10.	894.	32.
887.	"	876.	05.	906.	"	894.	82.
887.	10.	876.	54.	906.	10.	895.	31.
888.	"	877.	03.	907.	"	895.	80.
888.	10.	877.	52.	907.	10.	896.	29.
889.	"	878.	02.	908.	"	896.	79.
889.	10.	878.	51.	908.	10.	897.	28.
890.	"	879.	01.	909.	"	897.	78.
890.	10.	879.	50.	909.	10.	898.	27.
891.	"	880.	00.	910.	"	898.	77.
891.	10.	880.	49.	910.	10.	899.	26.
892.	"	880.	98.	911.	"	899.	75.
892.	10.	881.	47.	911.	10.	900.	24.
893.	"	881.	97.	912.	"	900.	74.
893.	10.	882.	46.	912.	10.	901.	23.
894.	"	882.	96.	913.	"	901.	73.
894.	10.	883.	45.	913.	10.	902.	22.
895.	"	883.	95.	914.	"	902.	72.
895.	10.	884.	44.	914.	10.	903.	21.
896.	"	884.	93.	915.	"	903.	70.
896.	10.	885.	42.	915.	10.	904.	19.
897.	"	885.	92.	916.	"	904.	69.
897.	10.	886.	41.	916.	10.	905.	18.

 De 917 liv. à 954 liv. 10 sous, et de 905 francs 68 cent. à 942 francs 71 cent.

liv.	s.	fr.	c.	liv.	s.	fr.	c.
917.	"	905.	68.	936.	"	924.	45.
917.	10.	906.	17.	936.	10.	924.	94.
918.	"	906.	67.	937.	"	925.	43.
918.	10.	907.	16.	937.	10.	925.	92.
919.	"	907.	66.	938.	"	926.	42.
919.	10.	908.	15.	938.	10.	926.	91.
920.	"	908.	64.	939.	"	927.	41.
920.	10.	909.	13.	939.	10.	927.	90.
921.	"	909.	63.	940.	"	928.	40.
921.	10.	910.	12.	940.	10.	928.	89.
922.	"	910.	62.	941.	"	929.	38.
922.	10.	911.	11.	941.	10.	929.	87.
923.	"	911.	61.	942.	"	930.	37.
923.	10.	912.	10.	942.	10.	930.	86.
924.	"	912.	59.	943.	"	931.	36.
924.	10.	913.	08.	943.	10.	931.	85.
925.	"	913.	58.	944.	"	932.	35.
925.	10.	914.	07.	944.	10.	932.	84.
926.	"	914.	57.	945.	"	933.	33.
926.	10.	915.	06.	945.	10.	933.	82.
927.	"	915.	56.	946.	"	934.	32.
927.	10.	916.	05.	946.	10.	934.	81.
928.	"	916.	54.	947.	"	935.	31.
928.	10.	917.	03.	947.	10.	935.	80.
929.	"	917.	53.	948.	"	936.	30.
929.	10.	918.	02.	948.	10.	936.	79.
930.	"	918.	52.	949.	"	937.	29.
930.	10.	919.	01.	949.	10.	937.	78.
931.	"	919.	51.	950.	"	938.	27.
931.	10.	920.	00.	950.	10.	938.	76.
932.	"	920.	49.	951.	"	939.	26.
932.	10.	920.	98.	951.	10.	939.	75.
933.	"	921.	48.	952.	"	940.	25.
933.	10.	921.	97.	952.	10.	940.	74.
934.	"	922.	47.	953.	"	941.	24.
934.	10.	922.	96.	953.	10.	941.	73.
935.	"	923.	46.	954.	"	942.	22.
935.	10.	923.	95.	954.	10.	942.	71.

liv.	s.	fr.	c.	liv.	s.	fr.	c.
955.	"	943.	21.	974.	"	961.	98.
955.	10.	943.	70.	974.	10.	962.	47.
956.	"	944.	20.	975.	"	962.	96.
956.	10.	944.	69.	975.	10.	963.	45.
957.	"	945.	19.	976.	"	963.	95.
957.	10.	945.	68.	976.	10.	964.	44.
958.	"	946.	17.	977.	"	964.	94.
958.	10.	946.	66.	977.	10.	965.	43.
959.	"	947.	16.	978.	"	965.	93.
959.	10.	947.	65.	978.	10.	966.	42.
960.	"	948.	15.	979.	"	966.	91.
960.	10.	948.	64.	979.	10.	967.	40.
961.	"	949.	14.	980.	"	967.	90.
961.	10.	949.	63.	980.	10.	968.	39.
962.	"	950.	12.	981.	"	968.	89.
962.	10.	950.	61.	981.	10.	969.	38.
963.	"	951.	11.	982.	"	969.	88.
963.	10.	951.	60.	982.	10.	970.	37.
964.	"	952.	10.	983.	"	970.	87.
964.	10.	952.	59.	983.	10.	971.	36.
965.	"	953.	09.	984.	"	971.	85.
965.	10.	953.	58.	984.	10.	972.	34.
966.	"	954.	08.	985.	"	972.	84.
966.	10.	954.	57.	985.	10.	973.	33.
967.	"	955.	06.	986.	"	973.	83.
967.	10.	955.	55.	986.	10.	974.	32.
968.	"	956.	05.	987.	"	974.	82.
968.	10.	956.	54.	987.	10.	975.	31.
969.	"	957.	04.	988.	"	975.	80.
969.	10.	957.	53.	988.	10.	976.	29.
970.	"	958.	03.	989.	"	976.	79.
970.	10.	958.	52.	989.	10.	977.	28.
971.	"	959.	01.	990.	"	977.	78.
971.	10.	959.	50.	990.	10.	978.	27.
972.	"	960.	00.	991.	"	978.	77.
972.	10.	960.	49.	991.	10.	979.	26.
973.	"	960.	99.	992.	"	979.	75.
973.	10.	961.	48.	992.	10.	980.	24.

 De 993 liv. à 1030 liv. 10 sous, et de 980 francs 74 cent. à 1017 francs 77 cent.

liv.	*s.*	*fr.*	*c.*	*liv.*	*s.*	*fr.*	*c.*
993.	"	980.	74.	1012.	"	999.	50.
993.	10.	981.	23.	1012.	10.	999.	99.
994.	"	981.	73.	1013.	"	1000.	49.
994.	10.	982.	22.	1013.	10.	1000.	98.
995.	"	982.	72.	1014.	"	1001.	48.
995.	10.	983.	21.	1014.	10.	1001.	97.
996.	"	983.	70.	1015.	"	1002.	46.
996.	10.	984.	19.	1015.	10.	1002.	95.
997.	"	984.	69.	1016.	"	1003.	45.
997.	10.	985.	18.	1016.	10.	1003.	94.
998.	"	985.	68.	1017.	"	1004.	44.
998.	10.	986.	17.	1017.	10.	1004.	93.
999.	"	986.	67.	1018.	"	1005.	43.
999.	10.	987.	16.	1018.	10.	1005.	92.
1000.	"	987.	65.	1019.	"	1006.	42.
1000.	10.	988.	14.	1019.	10.	1006.	91.
1001.	"	988.	64.	1020.	"	1007.	40.
1001.	10.	989.	13.	1020.	10.	1007.	89.
1002.	"	989.	63.	1021.	"	1008.	39.
1002.	10.	990.	12.	1021.	10.	1008.	88.
1003.	"	990.	61.	1022.	"	1009.	38.
1003.	10.	991.	10.	1022.	10.	1009.	87.
1004.	"	991.	60.	1023.	"	1010.	37.
1004.	10.	992.	09.	1023.	10.	1010.	86.
1005.	"	992.	59.	1024.	"	1011.	35.
1005.	10.	993.	08.	1024.	10.	1011.	84.
1006.	"	993.	58.	1025.	"	1012.	34.
1006.	10.	994.	07.	1025.	10.	1012.	83.
1007.	"	994.	56.	1026.	"	1013.	33.
1007.	10.	995.	05.	1026.	10.	1013.	82.
1008.	"	995.	55.	1027.	"	1014.	32.
1008.	10.	996.	04.	1027.	10.	1014.	81.
1009.	"	996.	54.	1028.	"	1015.	30.
1009.	10.	997.	03.	1028.	10.	1015.	79.
1010.	"	997.	53.	1029.	"	1016.	29.
1010.	10.	998.	02.	1029.	10.	1016.	78.
1011.	"	998.	51.	1030.	"	1017.	28.
1011.	10.	999.	00.	1030.	10.	1017.	77.

De 1031 liv. à 1068 liv. 10 sous,
et de 1018 francs 27 cent. à 1055 francs 30 cent.

liv.	*s.*	*fr.*	*c.*	*liv.*	*s.*	*fr.*	*c.*
1031.	"	1018.	27.	1050.	"	1037.	03.
1031.	10.	1018.	76.	1050.	10.	1037.	52.
1032.	"	1019.	25.	1051.	"	1038.	02.
1032.	10.	1019.	74.	1051.	10.	1038.	51.
1033.	"	1020.	24.	1052.	"	1039.	01.
1033.	10.	1020.	73.	1052.	10.	1039.	50.
1034.	"	1021.	23.	1053.	"	1040.	00.
1034.	10.	1021.	72.	1053.	10.	1040.	49.
1035.	"	1022.	22.	1054.	"	1040.	98.
1035.	10.	1022.	71.	1054.	10.	1041.	47.
1036.	"	1023.	21.	1055.	"	1041.	97.
1036.	10.	1023.	70.	1055.	10.	1042.	46
1037.	"	1024.	19.	1056.	"	1042.	96.
1037.	10.	1024.	68.	1056.	10.	1043.	45.
1038.	"	1025.	18.	1057.	"	1043.	95.
1038.	10.	1025.	67.	1057.	10.	1044.	44.
1039.	"	1026.	17.	1058.	"	1044.	93.
1039.	10.	1026.	66.	1058.	10.	1045.	42.
1040.	"	1027.	16.	1059.	"	1045.	92.
1040.	10.	1027.	65.	1059.	10.	1046.	41.
1041.	"	1028.	14.	1060.	"	1046.	91.
1041.	10.	1028.	63.	1060.	10.	1047.	40.
1042.	"	1029.	13.	1061.	"	1047.	90.
1042.	10.	1029.	62.	1061.	10.	1048.	39.
1043.	"	1030.	12.	1062.	"	1048.	88.
1043.	10.	1030.	61.	1062.	10.	1049.	37.
1044.	"	1031.	11.	1063.	"	1049.	87.
1044.	10.	1031.	60.	1063.	10.	1050.	36.
1045.	"	1032.	09.	1064.	"	1050.	86.
1045.	10.	1032.	58.	1064.	10.	1051.	35.
1046.	"	1033.	08.	1065.	"	1051.	85.
1046.	10.	1033.	57.	1065.	10.	1052.	34.
1047.	"	1034.	07.	1066.	"	1052.	84.
1047.	10.	1034.	56.	1066.	10.	1053.	33.
1048.	"	1035.	06.	1067.	"	1053.	82.
1048.	10.	1035.	55.	1067.	10.	1054.	31.
1049.	"	1036.	05.	1068.	"	1054.	81.
1049.	10.	1036.	54.	1068.	10.	1055.	30.

De 1069 liv. à 1106 liv. 10 sous, et de 1055 francs 80 cent. à 1092 francs 84 cent.

liv.	s.	fr.	c.	liv.	s.	fr.	c.
1069.	"	1055.	80.	1088.	"	1074.	56.
1069.	10.	1056.	29.	1088.	10.	1075.	05.
1070.	"	1056.	79.	1089.	"	1075.	55.
1070.	10.	1057.	28.	1089.	10.	1076.	04.
1071.	"	1057.	77.	1090.	"	1076.	54.
1071.	10.	1058.	26.	1090.	10.	1077.	03.
1072.	"	1058.	76.	1091.	"	1077.	53.
1072.	10.	1059.	25.	1091.	10.	1078.	02.
1073.	"	1059.	75.	1092.	"	1078.	51.
1073.	10.	1060.	24.	1092.	10.	1079.	00.
1074.	"	1060.	74.	1093.	"	1079.	50.
1074.	10.	1061.	23.	1093.	10.	1079.	99.
1075.	"	1061.	72.	1094.	"	1080.	49.
1075	10.	1062.	21.	1094.	10.	1080.	98.
1076.	"	1062.	71.	1095.	"	1081.	48.
1076.	10.	1063.	20.	1095.	10.	1081.	97.
1077.	"	1063.	70.	1096.	"	1082.	46.
1077.	10.	1064.	19.	1096.	10.	1082.	95.
1078.	"	1064.	69.	1097.	"	1083.	45.
1078.	10.	1065.	18.	1097.	10.	1083.	94.
1079.	"	1065.	67.	1098.	"	1084.	44.
1079.	10.	1066.	16.	1098.	10.	1084.	93.
1080.	"	1066.	66.	1099.	"	1085.	43.
1080.	10.	1067.	15.	1099.	10.	1085.	92.
1081.	"	1067.	65.	1100.	"	1086.	42.
1081.	10.	1068.	14.	1100.	10.	1086.	91.
1082.	"	1068.	64.	1101.	"	1087.	41.
1082.	10.	1069.	13.	1101.	10.	1087.	90.
1083.	"	1069.	63.	1102.	"	1088.	40.
1083.	10.	1070.	12.	1102.	10.	1088.	89.
1084.	"	1070.	61.	1103.	"	1089.	38.
1084.	10.	1071.	10.	1103.	10.	1089.	87.
1085.	"	1071.	60.	1104.	"	1090.	37.
1085.	10.	1072.	09.	1104.	10.	1090.	86.
1086.	"	1072.	59.	1105.	"	1091.	36.
1086.	10.	1073.	08.	1105.	10.	1091.	85.
1087.	"	1073.	58.	1106.	"	1092.	35.
1087.	10.	1074.	07.	1106.	10.	1092.	84.

liv.	s.	fr.	c.	liv.	s.	fr.	c.
1107.	"	1093.	33.	1126.	"	1112.	10.
1107.	10.	1093.	82.	1126.	10.	1112.	59.
1108.	"	1094.	32.	1127.	"	1113.	09.
1108.	10.	1094.	81.	1127.	10.	1113.	58.
1109.	"	1095.	31.	1128.	"	1114.	07.
1109.	10.	1095.	80.	1128.	10.	1114.	56.
1110.	"	1096.	30.	1129.	"	1115.	06.
1110.	10.	1096.	79.	1129.	10.	1115.	55.
1111.	"	1097.	28.	1130.	"	1116.	05.
1111.	10.	1097.	77.	1130.	10.	1116.	54.
1112.	"	1098.	27.	1131.	"	1117.	04.
1112.	10.	1098.	76.	1131.	10.	1117.	53.
1113.	"	1099.	26.	1132.	"	1118.	02.
1113.	10.	1099.	75.	1132.	10.	1118.	51.
1114.	"	1100.	25.	1133.	"	1119.	01.
1114.	10.	1100.	74.	1133.	10.	1119.	50.
1115.	"	1101.	23.	1134.	"	1120.	00.
1115.	10.	1101.	72.	1134.	10.	1120.	49.
1116.	"	1102.	22.	1135.	"	1120.	99.
1116.	10.	1102.	71.	1135.	10.	1121.	48.
1117.	"	1103.	21.	1136.	"	1121.	98.
1117.	10.	1103.	70.	1136.	10.	1122.	47.
1118.	"	1104.	20.	1137.	"	1122.	96.
1118.	10.	1104.	69.	1137.	10.	1123.	45.
1119.	"	1105.	19.	1138.	"	1123.	95.
1119.	10.	1105.	68.	1138.	10.	1124.	44.
1120.	"	1106.	17.	1139.	"	1124.	94.
1120.	10.	1106.	66.	1139.	10.	1125.	43.
1121.	"	1107.	16.	1140.	"	1125.	93.
1121.	10.	1107.	65.	1140.	10.	1126.	42.
1122.	"	1108.	15.	1141.	"	1126.	91.
1122.	10.	1108.	64.	1141.	10.	1127.	40.
1123.	"	1109.	14.	1142.	"	1127.	90.
1123.	10.	1109.	63.	1142.	10.	1128.	39.
1124.	"	1110.	12.	1143.	"	1128.	89.
1124.	10.	1110.	61.	1143.	10.	1129.	38.
1125.	"	1111.	11.	1144.	"	1129.	88.
1125.	10.	1111.	60.	1144.	10.	1130.	37.

 De 1145 liv. à 1182 liv. 10 sous, et de 1130 francs 86 cent. à 1167 francs 90 cent.

liv.	*s.*	*fr.*	*c.*	*liv.*	*s.*	*fr.*	*c.*
1145.	"	1130.	86.	1164.	"	1149.	63.
1145.	10.	1131.	35.	1164.	10.	1150.	12.
1146.	"	1131.	85.	1165.	"	1150.	62.
1146.	10.	1132.	34.	1165.	10.	1151.	11.
1147.	"	1132.	84.	1166.	"	1151.	61.
1147.	10.	1133.	33.	1166.	10.	1152.	10.
1148.	"	1133.	83.	1167.	"	1152.	59.
1148.	10.	1134.	32.	1167.	10.	1153.	08.
1149.	"	1134.	82.	1168.	"	1153.	58.
1149.	10.	1135.	31.	1168.	10.	1154.	07.
1150.	"	1135.	80.	1169.	"	1154.	57.
1150.	10.	1136.	29.	1169.	10.	1155.	06.
1151.	"	1136.	79.	1170.	"	1155.	56.
1151.	10.	1137.	28.	1170.	10.	1156.	05.
1152.	"	1137.	78.	1171.	"	1156.	54.
1152.	10.	1138.	27.	1171.	10.	1157.	03.
1153.	"	1138.	77.	1172.	"	1157.	53.
1153.	10.	1139.	26.	1172.	10.	1158.	02.
1154.	"	1139.	75.	1173.	"	1158.	52.
1154.	10.	1140.	24.	1173.	10.	1159.	01.
1155.	"	1140.	74.	1174.	"	1159.	51.
1155.	10.	1141.	23.	1174.	10.	1160.	00.
1156.	"	1141.	73.	1175.	"	1160.	49.
1156.	10.	1142.	22.	1175.	10.	1160.	98.
1157.	"	1142.	72.	1176.	"	1161.	48.
1157.	10.	1143.	21.	1176.	10.	1161.	97.
1158.	"	1143.	70.	1177.	"	1162.	47.
1158.	10.	1144.	19.	1177.	10.	1162.	96.
1159.	"	1144.	69.	1178.	"	1163.	46.
1159.	10.	1145.	18.	1178.	10.	1163.	95.
1160.	"	1145.	68.	1179.	"	1164.	44.
1160.	10.	1146.	17.	1179.	10.	1164.	93.
1161.	"	1146.	67.	1180.	"	1165.	43.
1161.	10.	1147.	16.	1180.	10.	1165.	92.
1162.	"	1147.	65.	1181.	"	1166.	42.
1162.	10.	1148.	14.	1181.	10.	1166.	91.
1163.	"	1148.	64.	1182.	"	1167.	41.
1163.	10.	1149.	13.	1182.	10.	1167.	90.

liv.	*s.*	*fr.*	*c.*	*liv.*	*fr.*	*c.*
1183.	»	1168.	40.	1600...	1580.	24.
1183.	10.	1168.	89.	1700...	1679.	01.
1184.	»	1169.	38.	1800...	1777.	77.
1184.	10.	1169.	87.	1900...	1876.	54.
1185.	»	1170.	37.	2000...	1975.	31.
1185.	10.	1170.	86.	2100...	2074.	08.
1186.	»	1171.	36.	2200...	2172.	84.
1186.	10.	1171.	85.	2300...	2271.	61.
1187.	»	1172.	35.	2400...	2370.	37.
1187.	10.	1172.	84.	2500...	2469.	14.
1188.	»	1173.	33.	2600...	2567.	90.
1188.	10.	1173.	82.	2700...	2666.	67.
1189.	»	1174.	32.	2800...	2765.	43.
1189.	10.	1174.	81.	2900...	2864.	20.
1190.	»	1175.	31.	3000...	2962.	96.
1190.	10.	1175.	80.	3100...	3061.	73.
1191.	»	1176.	30.	3200...	3160.	49.
1191.	10.	1176.	79.	3300...	3259.	26.
1192.	»	1177.	28.	3400...	3358.	02.
1192.	10.	1177.	77.	3500...	3456.	79.
1193.	»	1178.	27.	3600...	3555.	55.
1193.	10.	1178.	76.	3700...	3654.	32.
1194.	»	1179.	26.	3800...	3753.	08.
1194.	10.	1179.	75.	3900...	3851.	85.
1195.	»	1180.	25.	4000...	3950.	62.
1195.	10.	1180.	74.	4100...	4049.	39.
1196.	»	1181.	23.	4200...	4148.	15.
1196.	10.	1181.	72.	4300...	4246.	92.
1197.	»	1182.	22.	4400...	4345.	68.
1197.	10.	1182.	71.	4500...	4444.	45.
1198.	»	1183.	21.	4600...	4543.	21.
1198.	10.	1183.	70.	4700...	4641.	98.
1199.	»	1184.	20.	4800...	4740.	74.
1199.	10.	1184.	69.	4900...	4839.	51.
1200.	»	1185.	18.	5000...	4938.	27.
1300.	»	1283.	95.	5100...	5037.	04.
1400.	»	1382.	71.	5200...	5135.	80.
1500.	»	1481.	48.	5300...	5234.	57.

De 5400 livres à 6000000 livres,
et de 5333 francs 33 cent. à 5925925 francs 92 cent.

liv.	fr.	c.	liv.	fr.	c.
5400.	5333.	33.	60000.	59259.	26.
5500.	5432.	10.	70000.	69135.	80.
5600.	5530.	86.	80000.	79012.	35.
5700.	5629.	63.	90000.	88888.	89.
5800.	5728.	39.	100000.	98765.	44.
5900.	5827.	16.	200000.	197530.	86.
6000.	5925.	93.	300000.	296296.	30.
6500.	6419.	76.	400000.	395061.	73.
7000.	6913.	58.	500000.	493827.	16.
7500.	7407.	41.	600000.	592592.	59.
8000.	7901.	23.	700000.	691358.	02.
8500.	8395	06.	800000.	790123.	46.
9000.	8888.	89.	900000.	888888.	89.
9500.	9382.	72.	1000000.	987654.	32.
10000.	9876.	54.	2000000.	1975308.	64.
20000.	19753.	09.	3000000.	2962962.	96.
30000.	29629.	63.	4000000.	3950617.	28.
40000.	39506.	17.	5000000.	4938271.	60.
50000.	49382.	72.	6000000.	5925925.	92.

CONCORDANCE

CONCORDANCE

DES

CALENDRIERS

GRÉGORIEN ET RÉPUBLICAIN,

DEPUIS 1793 JUSQUES ET COMPRIS L'AN 1810, ET DEPUIS L'AN 2 JUSQU'EN L'AN 18.

UN seul exemple suffira pour se servir du tableau qui suit :

On veut savoir à quelle date de l'année républicaine répond le 15 janvier de l'an 1798; cherchez le 15 janvier dans la première colonne à gauche du tableau, et suivez horizontalement jusqu'à ce que vous soyez dans la colonne de l'an 1798, où vous trouverez le nombre 26 du mois de nivôse an 6, jour correspondant audit 15 janvier 1798 ou an 6 républicain. En faisant cette opération de droite à gauche, on aura facilement la correspondance d'une date républicaine avec le calendrier grégorien; car en cherchant le 26 nivôse an 6 dans la première colonne de l'an 6 ou 1798, et allant horizontalement de droite à gauche jusqu'à ce que l'on arrive à la première colonne de gauche, on trouve le nombre 15 qui appartient au mois de janvier 1798.

 Almanach grégorien et républicain pour les *six premiers mois* 1793 à 1798.

		1793. an 1er.	1794. an 2.	1795. an 3.	1796. an 4.	1797. an 5.	1798. an 6.	
Janvier.	1.		12.	12.	11.	12.	12.	Nivôse.
	8.		19.	19.	18.	19.	19.	
	15.		26.	26.	25.	26.	26.	
	22.		3.	3.	2.	3.	3.	Pluviôse.
	29.		10.	10.	9.	10.	10.	
Février.	1.		13.	13.	12.	13.	13.	
	8.		20.	20.	19.	20.	20.	
	15.		27.	27.	26.	27.	27.	
	22.		4.	4.	3.	4.	4.	Ventôse.
	29.		0.	0.	10.	0.	0.	
Mars.	1.		11.	11.	11.	11.	11.	
	8.		18.	18.	18.	18.	18.	
	15.		25.	25.	25.	25.	25.	
	22.		2.	2.	2.	2.	2.	Germinal.
	29.		9.	9.	9.	9.	9.	
Avril.	1.		12.	12.	12.	12.	12.	
	8.		19.	19.	19.	19.	19.	
	15.		26.	26.	26.	26.	26.	
	22.		3.	3.	3.	3.	3.	Floréal.
	29.		10.	10.	10.	10.	10.	
Mai.	1.		12.	12.	12.	12.	12.	
	8.		19.	19.	19.	19.	19.	
	15.		26.	26.	26.	26.	26.	
	22.		3.	3.	3.	3.	3.	Prairial.
	29.		10.	10.	10.	10.	10.	
Juin.	1.		13.	13.	13.	13.	13.	
	8.		20.	20.	20.	20.	20.	
	15.		27.	27.	27.	27.	27.	
	22.		4.	4.	4.	4.	4.	Mes.
	29.		11.	11.	11.	11.	11.	

pour les *six derniers mois* 1793 à 1798.

Mois	Jour	1793.	1794.	1795.	1796.	1797.	1798.	
		an 1er.	an 2.	an 3.	an 4.	an 5.	an 6.	
Juillet.	1.		13.	13.	13.	13.	13.	Mess.
	8.		20.	20.	20.	20.	20.	
	15.		27.	27.	27.	27.	27.	
	22.		4.	4.	4.	4.	4.	Thermid.
	29.		11.	11.	11.	11.	11.	
Août.	1.		14.	14.	14.	14.	14.	
	8.		21.	21.	21.	21.	21.	
	15.		28.	28.	28.	28.	28.	
	22.		5.	5.	5.	5.	5.	Fructid.
	29.		12.	12.	12.	12.	12.	
Septembre.	1.		15.	15.	15.	15.	15.	
	8.		22.	22.	22.	22.	22.	
	15.		29.	29.	29.	29.	29.	
	21.		5.	*5.	5.	5.	5.	comp.
		1793.	1794.	1795.	1796.	1797.	1798.	
		an 2.	an 3.	an 4.	an 5.	an 6.	an 7.	
	29.	8.	8.	7.	8.	8.	8.	Vendém.
Octobre.	1.	10.	10.	9.	10.	10.	10.	
	8.	17.	17.	16.	17.	17.	17.	
	15.	24.	24.	23.	24.	24.	24.	
	21.	30.	30.	29.	30.	30.	30.	
	29.	8.	8.	7.	8.	8.	8.	Brum.
Novembre.	1.	11.	11.	10.	11.	11.	11.	
	8.	18.	18.	17.	18.	18.	18.	
	15.	25.	25.	24.	25.	25.	25.	
	23.	3.	3.	2.	3.	3.	3.	Frimaire.
	29.	9.	9.	8.	9.	9.	9.	
Décembre.	1.	11.	11.	10.	11.	11.	11.	
	8.	18.	18.	17.	18.	18.	18.	
	15.	25.	25.	24.	25.	25.	25.	
	23.	3.	3.	2.	3.	3.	3.	Niv.
	29.	9.	9.	8.	9.	9.	9.	

Nota. L'étoile avant un chiffre annonce un an bissexte qui a 6 jours complémentaires.

 Almanach grégorien et républicain
pour les *six premiers mois* 1799 à 1804.

		1799. an 7.	1800. an 8.	1801. an 9.	1802. an 10.	1803. an 11.	1804. an 12.	
Janvier.	1.	12.	11.	11.	11.	11.	10.	Nivôse.
	8.	19.	18.	18.	18.	18.	17.	
	15.	26.	25.	25.	25.	25.	24.	
	22.	3.	2.	2.	2.	2.	1.	Pluviôse.
	29.	10.	9.	9.	9.	9.	8.	
Février.	1.	13.	12.	12.	12.	12.	11.	
	8.	20.	19.	19.	19.	19.	18.	
	15.	27.	26.	26.	26.	26.	25.	
	22.	4.	3.	3.	3.	3.	2.	Ventôse.
	29.	0.	0.	0.	0.	0.	9.	
Mars.	1.	11.	10.	10.	10.	10.	10.	
	8.	18.	17.	17.	17.	17.	17.	
	15.	25.	24.	24.	24.	24.	24.	
	22.	2.	1.	1.	1.	1.	1.	Germinal.
	29.	9.	8.	8.	8.	8.	8.	
Avril.	1.	12.	11.	11.	11.	11.	11.	
	8.	19.	18.	18.	18.	18.	18.	
	15.	26.	25.	25	25.	25.	25.	
	22.	3.	2.	2.	2.	2.	2.	Floréal.
	29.	10.	9.	9.	9.	9.	9.	
Mai.	1.	12.	11.	11.	11.	11.	11.	
	8.	19.	18.	18.	18.	18.	18.	
	15.	26.	25.	25.	25.	25.	25.	
	22.	3.	2.	2.	2.	2.	2.	Prairial.
	29.	10.	9.	9.	9.	9.	9.	
Juin.	1.	13.	12.	12.	12.	12.	12.	
	8.	20.	19.	19.	19.	19.	19.	
	15.	27.	26.	26.	26.	26.	26.	
	22.	4.	3.	3.	3.	3.	3.	Mes.
	29.	11.	10.	10.	10.	10.	10.	

Almanach grégorien et républicain pour les *six derniers mois* 1799 à 1804.

Mois	Jour	1799. an 7.	1800. an 8.	1801. an 9.	1802. an 10.	1803. an 11.	1804. an 12.	
Juillet.	1.	13.	12.	12.	12.	12.	12.	Mess.
	8.	20.	19.	19.	19.	19.	19.	
	15.	27.	26.	26.	26.	26.	26.	
	22.	4.	3.	3.	3.	3.	3.	Thermid.
	29.	11.	10.	10.	10.	10.	10.	
Août.	1.	14.	13.	13.	13.	13.	13.	
	8.	21.	20.	20.	20.	20.	20.	
	15.	28.	27.	27.	27.	27.	27.	
	22.	5.	4.	4.	4.	4.	4.	Fructidor.
	29.	12.	11.	11.	11.	11.	11.	
Septembre.	1.	15.	14.	14.	14.	14.	14.	
	8.	22.	21.	21.	21.	21.	21.	
	15.	29.	28.	28.	28.	28.	28.	
	21.	*5.	4.	4.	4.	*4.	4.	comp.

Mois	Jour	1799. an 8.	1800. an 9.	1801. an 10.	1802. an 11.	1803. an 12.	1804. an 13.	
Septembre.	29.	7.	7.	7.	7.	6.	7.	Vendém.
Octobre.	1.	9.	9.	9.	9.	8.	9.	
	8.	16.	16.	16.	16.	15.	16.	
	15.	23.	23.	23.	23.	22.	23.	
	21.	29.	29.	29.	29.	28.	29.	
	29.	7.	7.	7.	7.	6.	7.	Brum.
Novembre.	1.	10.	10.	10.	10.	9.	10.	
	8.	17.	17.	17.	17.	16.	17.	
	15.	24.	24.	24.	24.	23.	24.	
	23.	2.	2.	2.	2.	1.	2.	Frimaire.
	29.	8.	8.	8.	8.	7.	8.	
Décembre.	1.	10.	10.	10.	10.	9.	10.	
	8.	17.	17.	17.	17.	16.	17.	
	15.	24.	24.	24.	24.	23.	24.	
	23.	2.	2.	2.	2.	1.	2.	Niv.
	29.	8.	8.	8.	8.	7.	8.	

Nota. L'étoile avant un chiffre annonce un an bissexte qui a 6 jours complémentaires.

Almanach grégorien et républicain pour les *six premiers mois* 1805 à 1810.

Mois	Jour	1805. an 13.	1806. an 14.	1807. an 15.	1808. an 16.	1809. an 17.	1810. an 18.	
Janvier.	1.	11.	11.	11.	10.	11.	11.	Nivôse.
	8.	18.	18.	18.	17.	18.	18.	
	15.	25.	25.	25.	24.	25.	25.	
	22.	2.	2.	2.	1.	2.	2.	Pluviôse.
	29.	9.	9.	9.	8.	9.	9.	
Février.	1.	12.	12.	12.	11.	12.	12.	
	8.	19.	19.	19.	18.	19.	19.	
	15.	26.	26.	26.	25.	26.	26.	
	22.	3.	3.	3.	2.	3.	3.	Ventôse.
	29.	0.	0.	0.	9.	0.	0.	
Mars.	1.	10.	10.	10.	10.	10.	10.	
	8.	17.	17.	17.	17.	17.	17.	
	15.	24.	24.	24.	24.	24.	24.	
	22.	1.	1.	1.	1.	1.	1.	Germinal.
	29.	8.	8.	8.	8.	8.	8.	
Avril.	1.	11.	11.	11.	11.	11.	11.	
	8.	18.	18.	18.	18.	18.	18.	
	15.	25.	25.	25.	25.	25.	25.	
	22.	2.	2.	2.	2.	2.	2.	Floréal.
	29.	9.	9.	9.	9.	9.	9.	
Mai.	1.	11.	11.	11.	11.	11.	11.	
	8.	18.	18.	18.	18.	18.	18.	
	15.	25.	25.	25.	25.	25.	25.	
	22.	2.	2.	2.	2.	2.	2.	Prairial.
	29.	9.	9.	9.	9.	9.	9.	
Juin.	1.	12.	12.	12.	12.	12.	12.	
	8.	19.	19.	19.	19.	19.	19.	
	15.	26.	26.	26.	26.	26.	26.	
	22.	3.	3.	3.	3.	3.	3.	Mes.
	29.	10.	10.	10.	10.	10.	10.	

Mois.	Jour.	1805. an 13.	1806. an 14.	1807. an 15.	1808. an 16.	1809. an 17.	1810. an 18.	
Juillet.	1.	12.	12.	12.	12.	12.	12.	Mess.
	8.	19.	19.	19.	19.	19.	19.	
	15.	26.	26.	26.	26.	26.	26.	
	22.	3.	3.	3.	3.	3.	3.	Thermid.
	29.	10.	10.	10.	10.	10.	10.	
Août.	1.	13.	13.	13.	13.	13.	13.	
	8.	20.	20.	20.	20.	20.	20.	
	15.	27.	27.	27.	27.	27.	27.	
	22.	4.	4.	4.	4.	4.	4.	Fructid.
	29.	11.	11.	11.	11.	11.	11.	
Septembre.	1.	14.	14.	14.	14.	14.	14.	
	8.	21.	21.	21.	21.	21.	21.	
	15.	28.	28.	28.	28.	28.	28.	
	21.	4.	4.	*4.	4.	4.	4.	comp.
		1805. an 14.	1806. an 15.	1807. an 16.	1808. an 17.	1809. an 18.	1810. an 19.	
	29	7.	7.	6.	7.	7.	7.	Vendém.
Octobre.	1.	9.	9.	8.	9.	9.	9.	
	8.	16.	16.	15.	16.	16.	16.	
	15.	23.	23.	22.	23.	23.	23.	
	21.	29.	29.	28.	29.	29.	29.	
	29.	7.	7.	6.	7.	7.	7.	Brum.
Novembre.	1.	10.	10.	9.	10.	10.	10.	
	8.	17.	17.	16.	17.	17.	17.	
	15.	24.	24.	23.	24.	24.	24.	
	23.	2.	2.	1.	2.	2.	2.	Frimaire.
	29.	8.	8.	7.	8.	8.	8.	
Décembre.	1.	10.	10.	9.	10.	10.	10.	
	8.	17.	17.	16.	17.	17.	17.	
	15.	24.	24.	23.	24.	24.	24.	
	23.	2.	2.	1.	2.	2.	2.	Niv.
	29.	8.	8.	7.	8.	8.	8.	

Nota. L'étoile avant un chiffre annonce un an bissexte qui a 6 jours complémentaires.

www.ingramcontent.com/pod-product-compliance
Ingram Content Group UK Ltd.
Pitfield, Milton Keynes, MK11 3LW, UK
UKHW020342220726
13923UKWH00004B/1538